KB125234

우리는

언젠가

만난다

우리는 언젠가 만난다

초판 1쇄 발행 2017년 12월 24일
초판 39쇄 발행 2024년 3월 5일

지은이 채사장
펴낸이 권미경
마케팅 심지훈, 강소연, 김재이
디자인 김종민
일러스트 고수영
펴낸곳 ㈜웨일북
등록 2015년 10월 12일 제2015-000316호
주소 서울시 마포구 토정로 47 서일빌딩 701호
전화 02-322-7187 **팩스** 02-337-8187
메일 sea@whalebook.co.kr **인스타그램** instagram.com/whalebooks

ISBN 979-11-88248-12-4 03100

소중한 원고를 보내주세요.
좋은 저자에게서 좋은 책이 나온다는 믿음으로, 항상 진심을 다해 구하겠습니다.

이 도서의 국립중앙도서관 출판예정도서목록(CIP)은 서지정보유통지원시스템 홈페이지(http://seoji.nl.go.kr)와 국가자료공동목록시스템(http://www.nl.go.kr/kolisnet)에서 이용하실 수 있습니다.(CIP제어번호: CIP2017032700)

채사장 지음

우리는 언젠가 만난다

나, 타인, 세계를 이어주는 40가지 눈부신 이야기

저자의 말

모든 관계는
내 안에서
별을 이룬다

타인에게 다가서는 건 낯설고 두려운 일이다. 언젠가부터 나는 그들에게 할 말이 없어졌고, 그들의 말도 내 밖을 떠돌았다. 사소한 고리로 이어지는 것마저 나는 버거워했다.

만약 네가 짐승들에게 말을 걸지 않는다면
너는 그들에 대해 알지 못할 것이다.
너는 네가 알지 못하는 것에 대해 두려움을 느낄 것이다.
사람은 두려움을 느끼는 것을 파괴한다.

타인에 대한 공포. 어쩌면 그것은 처음부터 내 마음 속에만 있었던 것인지 모른다. 말을 걸지 않고 귀를 기울이지 않고 그와 관계 맺지 않았기에. 오해와 의심은 나의 내면을 잠식했다. 그렇게 나는 더럽혀진 심연의 대지를 홀로 배회했던 것이다.

삶을 가치 있게 만드는 것은 부와 명예가 아니라 내 곁의 사소한 사람들, 가족과 친구와 연인과 동료들이라고 지혜로운 사람들은 말해주었지만, 이 말의 의미를 진정으로 이해할 만큼 우리가 성숙했을 때, 그들은 곁에 남아 있지 않았다.

시간은 가고, 우리는 배회하고, 관계는 돌이키기 어려워져, 아쉬움과 안타까움만을 남긴 채 삶은 침묵을 향해 저물어간다. 삶이 비극인 이유는 온전히 시간 때문이다. 타인의 의미를 비로소 이해하게 되었을 무렵, 우리는 동시에 이별을 맞이해야만 한다.

만약 네가 짐승들에게 말을 건다면

짐승들도 너에게 말을 걸 것이다.

그러면 서로를 알아가게 될 것이다.

침략자들에 의해 인디언이라 불렸던 아메리카 원주민 추장은 우리에게 다가서라고 말한다. 겁내지 마라. 두려워 마라. 네 앞에 선 타인의 눈동자를 들여다보라. 그때 우리는 비로소 알게 될 것이다. 그들은 사라질 것이고, 서로를 알아갈 시간은 지금뿐이라는 것을.

우리는 인생의 여정 중에 반드시, 관계에 대해 말해야만 한다. 내가 타인과 맺고 있는 관계에 대해서, 내가 세계와 맺고 있는 관계에 대해서. 왜냐하면 타인과 세계의 심연을 들여다봄으로써 거기에 비친 자아의 진정한 의미를 비로소 확인할 수 있기 때문이다.

나 자신에 대한 심오한 물음들, 나는 누구이고 어디에서 왔으며 어디로 가는지에 대한 해답은 자기 안에서 발견되지 않는다. 뜻하지 않게 던져진 이 세계와, 이곳에서 우연처럼 만나 손잡은 타인들로부터 우리는 천천히 해답에 다가가게 될 것이다.

그리고 이러한 과정 속에서 알게 될 것이다. 그토록 두렵던 타인이 닿을 수 없는 무엇이 아니라 나를 기다려준 존재이고, 타인으로 가득 찬 이 세계가 사실은 아름답고 살 만한 곳이었음을.

이 책이 관계에 대해 말하는 것은 그 때문이다. 내 마음에 자리 잡은 관계의 꼬인 실타래를 풀어 타인을 만나고, 세계와 재회하기 위해.

우리는 관계에 대한 네 가지 장을 살펴본다. [타인], [세계], [도구], [의미]. 우선 [타인]에서는 '나와 타인'의 관계를 다룬다. 삶의 중간에서 선물처럼 만나게 되는 이들이 자아에게 어떤 흔적과 이야기를 남기는지 살펴본다. [세계]에서는 '나와 세계'의 관계를 다룬다. 자신의 의도와는 무관하게 던져진 이 세계에서 자아는 세계를 어떻게 이해하고 극복해나가는지 알아본다. [도구]에서는 관계를 가능하게 해주는 '도구'들을 다룬다. 우리는 인간이라는 태생적인 한계로 인해 타인과 세계를 있는 그대로 받아들이는 것이 아니라 자신의 관점에서 하나의 이야기로 재해석하게 된다. 이러한 이야기들의 특성과 언어에 대해서 알아본다. 마지막으로 [의미]에서는 '죽음'을 다룬다. 죽음 역시 하나의 관계 방식이다. 그것은 자아와 부재와의 관계다. 죽음이라는 독특한 사건이 자아와, 타인과, 세계의 의미를 이해하는 데 어떤 역할을 하는지 살펴본다.

40개의 이야기를 준비했다. 연애, 이별, 인생, 시간, 통증, 언어, 꿈, 죽음, 의식 등. 각각의 이야기는 마치 멀리 떨어진 섬처럼 독립되어 보이지만 전체 이야기를 모두 읽고 난 후에는 이들이 보이지 않는 수면 밑으로 서로 강하게 연결되어 있음을 이해하게 될 것이다. 40개의 철학적 수필들은 다양한 방식으로 연결되어 '관계'라는 거대한 주제로 수렴해간다.

인생의 여정 속에서 닿은 그 어떤 사소한 인연도 사라지지 않을 것이다. 그것은 내 안에서 언젠가 만나 당신과 나의 내면을 깊고 아름답게 키워낼 것이다.

타인에 대한 공포를 넘어서 그들을 향해 손 내밀 준비를 마친 이들에게 이 책이 작은 도움이 되길 바란다.

2017년의 겨울

채사장

* 읽기 전에

바다 위에 흩어진 섬들에 번호를 붙이는 것이 의미 없는 행위이듯, 이 책의 독립된 이야기들에도 순서를 부여할 필요는 없다. 작가의 의도대로 차례차례 읽는 것도 좋고, 자신의 관심을 끄는 편부터 읽는 것도 괜찮다.

다만 당신이 40개의 섬을 여행하듯 이 책을 읽으며 자유롭기를 바란다. 이곳에는 작은 섬도 있고, 큰 섬도 있다. 안전한 섬도, 위험한 섬도 있다. 공부를 하겠다거나 목표로 삼은 분량만큼의 독서를 하겠다는 의무감이 아니라 오지를 탐험하는 여행자의 마음으로 가볍게 이 바다를 떠돌길 바란다. 그리고 모든 섬을 둘러보았을 때는 당신의 마음 안에서 분절된 섬들이 자연스럽게 이어져 하나의 바다가 떠오르기를 바란다.

모든 섬이 언제나 바다의 심연에서 만나듯, 이 책의 모든 이야기는 당신의 마음 안에서 서로 관계 맺고, 언젠가는 하나로 만나게 될 것이다.

Contents

세계

도구

타인

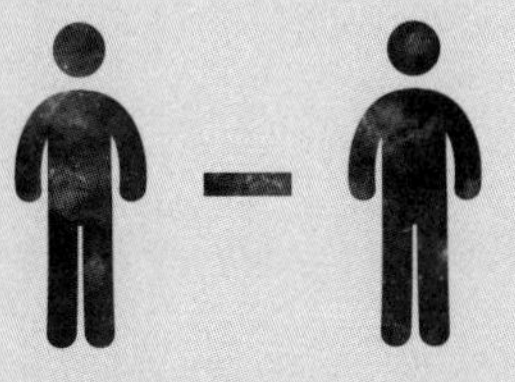

"만남이란 놀라운 사건이다. 너와 나의 만남은 단순히 사람과 사람의 만남을 넘어선다. 그것은 차라리 세계와 세계의 충돌에 가깝다. 너를 안는다는 것은 나의 둥근 원 안으로 너의 원이 침투해 들어오는 것을 감내하는 것이며, 너의 세계의 파도가 내 세계의 해안을 잠식하는 것을 견뎌내야 하는 것이다."

모든 지식은 언젠가 만난다

별에 대하여

당신은 지식을 얻는 방법이 무엇이라고 생각하는가? 일반적으로는 지식이 책 속에 있고, 내가 그것을 읽음으로써 그 지식을 얻는다고 믿는다. 하지만 실제로는 그렇지 않다. 지식은 그런 방식으로 얻을 수 있는 것이 아니다.

나는 조금 이른 나이에 지식을 얻는 방법에 대해서 알게 되었고, 이것이 성인이 될 때까지 배움에 대한 올바른 관점을 심어주었다. 지금 생각하면 그것은 행운이었다. 내가 알고 있는 것을 당신에게도 알려주고자 한다.

스무 살의 봄이었다. 이렇게 말하니 무언가 희망차고 아름답게 들리지만 그때 나는 재수생이었다. 왜 그랬는지 지금은 생각나지 않는데, 사회에 대한 나름대로의 불만 표시였는지 단발머리를 하고 있었다. 사진을 남기지 않은 당시의 나에게 감사할 따름이다.

재수학원은 콩나물시루처럼 수험생들로 빼곡했다. 나는 언제나 교탁 바로 밑의 맨 앞자리에 앉아 허리를 구부정하게 숙이고 옆머리로 얼굴을 가린 채 필기에만 열중했다. 지금 같아서야 남들보다 한 해 더 공부하는 게 뭐 그리 대수냐며 느긋하게 생활할 수 있을 것 같지만 당시의 나는 심약했다. 내가 지금 최선을 다하고 있음을 스스로에게 티내고 싶었다.

입시 공부 외에는 다른 어떤 것도 하지 않았다. 미안했다. 어머니가 빚을 내어 마련해준 시간이 아닌가. 입시에 나오는 것이 아니라면 그 무엇도 보지 않으려 했다. 한눈팔지 않고 교과서와 문제집만 보겠다고 다짐했다. 그토록 보고 싶은 세계문학도 당분간 펼쳐보지 않기로 했다. 못내 아쉬워 가방 속에 넣고 다녔지만.

그렇게 각박하게 지내던 어느 날. 사회문화 수업시간이었다. 사회문화 선생님은 연세가 많았다. 언제나 오래된 갈색 양복 차림에, 입술 가까이 마이크를 대고 일정한 톤으로 잔잔하게 수업을 진행하셨다. 수업은 거대한 칠판의 왼쪽 윗부분부터 시작해서 오른쪽 아랫부분에 이르기까지 한 치의 오차도 없는 필기로 채워졌다. 보는 눈이 없는 학생이라도 대번에 느낄 만큼 연륜이 묻어나는 수업이었으나 인기 있는 수업은 아니었다. 사회문화라는 과목 자체가 입시에서 비중이 크지 않을뿐더러, 흥미를 돋우는 이야기 한 번 하지 않는 나이 많은 선생님의 수업을 학생들이 반길 리 없었다.

나도 마찬가지였다. 그날도 그저 선생님의 빈틈없는 필기와 목소리에 집중해서 따라가고 있었다. 그런데 느닷없이 선생님의 다른 말이 시작되었다. 칠판 필기가 중간 즈음에 이르렀을 때였다. 너무도 아무렇지 않은 듯 평온하게 시작되어서, 미처 수업에 집중하지 못했던 학생이라면 수업이 계속되고 있다고 생각했을 것이다.

선생님의 이야기는 지식을 얻는 방법에 대한 것이었다. 선생님이 칠판에 별 모양을 그리며 말씀하셨다.

"별 모양의 지식을 얻으려면 어떻게 해야 할까요? 별 모양의 지식이 담겨진 책을 읽으면 될까요? 한 번에 읽으면 안 될 것 같으니 여러 번 반복해서 읽어보는 거죠. 하지만 그렇지 않습니다. 이런 방법으로는 별이라는 지식을 얻을 수 없어요. 지식은 그런 방법으로 얻을 수 있는 게 아닙니다. 다른 책을 펴야 해요. 삼각형이 그려진 책, 사각형이 그려진 책, 원이 그려진 책. 이런 책들을 다양하게 읽었을 때, 삼각형과 사각형과 원이 내 머릿속에 들어와 비로소 별을 만드는 것입니다."

나는 필기를 멈추고 고개를 들어 선생님을 보았다. 선생님은 칠판에서 눈을 떼지 않으셨다. 그리고 자연스럽게 아무 일도 없었다는 듯 다시 수업을 이어나가셨다. 나는 다시 고개를 숙이고 선생님의 필기를 공책에 옮겨 적었다.

무엇이나 잘 잊는 사람이 있다. 조금만 오래 되어도 기억을 못하는 사람. 내가 전형적으로 그런 사람이다. 기억이 잘 나지 않는다. 직장생활에서의 기억도, 군에서의 기억도, 대학생 때의 기억도, 재수생 시절의 기억도. 그런데 이 순간이 가끔 기억난다. 칠판에 그려진 단조로운 삼각형과 사각형과 원의 도형들. 그 옆에 동그랗게 표현된 사람과 머릿속에 선명하게 그려진 별 하나.

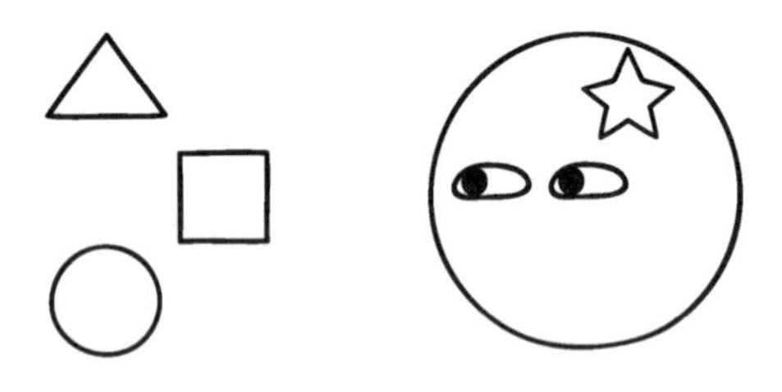

그리고 한 가지 더 기억나는 건, 그 무렵부터 다시 세계문학을 펼쳤다는 것이다. 수업이 끝나고 집으로 돌아가는 지하철 승강장 벤치에 앉아서, 들어오는 지하철을 몇 대 더 지나쳐보내며 입시에 나오지 않는 소설들을 읽었다.

그때는 맥락을 이해하지 못했다. 왜 뜬금없이 선생님이 수업을 멈추고 학생들에게 그런 이야기를 하셨는지. 많은 시간이 지나고 어른이 된 지금에서야 알 것 같다. 선생님은 수업 중에 학생들과 눈 한 번 마주치지 않았지만 아이들의 심리가 어떤지, 그러한 심리상태로부터 어떤 생각에 도달해 있는지를 알고 계셨던 것이다.

나를 비롯한 아이들은 조급한 마음에 스스로 입시의 틀 안으로 들어가서는 문을 걸어 잠그고 그 범위 내에서만 사유하려고 했다. 변명거리는 충분했다. 시간이 없지 않은가? 어차피 입시에 나오는 범위는 정해져 있는데 그것만 반복하는 것이 가장 효율적이지 않겠는가?

하지만 사실은 그렇지 않다. 무엇인가를 이해하려면 그것 밖으로 걸어나가서, 그것에서 벗어난 뒤, 다른 것을 둘러봐야만 한다. 그것은 비단 입시뿐만이 아니다. 전공이 되었든, 업무가 되었든, 모든 지식은 그것을 이해하기 위해서 그것이 아닌 것들로부터 시작해야만 한다.

궁극의 지식도 마찬가지일 것이다. 각자가 자신의 인생 전체를 관통하여 마지막에 반드시 얻게 될 삶에 대한 이해. 그 궁극의 지식은 몇몇의 책에서 단번에 얻을 수 있는 것이 아니다. 어린 시절의 오해와 노년의 오만과 무수한 시행착오와 상실과 고통과, 그 속에서도 기어코 피어나는 작은 행복과 사랑하는 이의 부드러운 손과 깊은 눈동자와 내면의 고요. 그것들 속에서 우리는 삼각형과 사각형을 얻을 것이고, 마침내 인생의 마지막에 이르렀을 때 삶이라는 별이 무엇을 의미하는지 비로소 이해하게 될 것이다.

그렇게 인생 전체에 흩뿌려진 모든 지식은 내 안에서 언젠가 만난다.

우리는 타인에게 닿을 수 있는가

관계에 대하여

타인과의 관계. 나에게 가장 어려운 분야다. 사람마다 낯설고 서툰 분야가 있지 않은가. 나에게는 타인과의 관계가 그러하다. 물론 이렇게 말할 수 있다. 인간관계에서 어려움을 겪지 않는 사람이 어디 있겠느냐고. 맞는 말이다. 인간관계의 문제는 우리가 인생에서 겪는 문제의 전부라고 해도 과하지 않으니 말이다.

다만 내가 '어렵다'라고 표현하는 것은 의미가 조금 다른데, 그것은 마치 이런 것과도 같다. 하나의 수학 문제가 있고, 수학 전공자가 이렇게 말한다. '이 수학 문제는 어려운 문제다.' 그리고 동일한 수학 문제를 보고 영혼까지 문과생인 학생이 이렇게 말하는 것이다. '수학은 어렵다.' 내가 타인과의 관계가 어렵다고 말한 의미는 후자에 가깝다. 그것은 나에게 서랍 속에서 발견한 엉킨 실타래처럼 느껴진다. 나는 서랍을 다시 닫고 싶다.

그렇다고 모든 관계를 어렵게 느끼는 것은 아니다. 좀 덜 어려워하는 관계도 있다. 인생 전반에 걸쳐 형성하는 관계를 크게 두 종류로 구분해보면, 하나는 '자아와 세계'의 관계, 다른 하나는 '자아와 타인'의 관계가 될 것이다.

우선 세계와의 관계는 나에게 어려운 문제가 아니다. 차라리 가장 흥미롭고 익숙한 분야라고 할 수 있다. 이러한 관계를 표현하는 언어로 나는 '신비'나 '의식'이라는 용어를 사용하고, 이에 대한 탐구의 결과를 책과 강연으로 많은 분과 공유하고 있다. 물론 당신이 지금 읽고 있는 이 책에서도 자아와 세계의 관계에 대해서는 빠뜨리지 않고 다룬다. 내가 가장 관심을 갖고 있는 주제이고, 또한 당신이 관심을 갖기를 바라는 주제이므로.

반면에 나는 타인과의 관계가 어렵다. 단적으로 이야기하면 나는 내가 외부의 타인에게 닿을 수 있는지를 의심한다. 이러한 생각은 내가 세계와의 관계 문제를 너무 무겁게 받아들이고 있기 때문인지도 모른다. 세계와의 관계 문제에서 지금까지 내가 도달한 잠정적인 결론은, 자아 밖에 외부세계가 존재하는지 매우 의심스럽다는 것이다. 만약 외부세계가 실제로 존재한다 하더라도 그것의 실체에는 결코 접근할 수 없다. 눈앞에 드러나는 세계는 내 마음에 의해 재구성된 것일 뿐이기 때문이다.

그렇지 않은가? 지금 당신 앞에 펼쳐진 세계, 창밖으로 들어오는 햇살과 책장의 감촉과 적당한 소음과 익숙한 냄새. 이 모든 것은 세계의 진짜 모습이 아니다. 나의 감각기관을 통해 왜곡되고 재구성된 모습일 뿐이다. 나는 세계의 '실체'를 직접 보는 것이 아니라, 나의 감각기관과 뇌가 그려주는 세계의 '그림자'를 본다.

그런 의미에서 인간은 모두 자폐아다. 모든 의식적 존재는 자신의 마음 안에 갇혀 산다. 이러한 결론은 엉뚱한 상상이 아니다. 서구의 관념론 철학뿐만 아니라 고대 인도인들의 중요한 결론이기도 하다. 그들은 이 세계가 자기 자신에 의해 재구성된 자아의 세계임을 지혜롭게 설명한다.

이러한 개념을 쉽게 설명하기 위해서 한번은 그림으로 표현해본

적이 있다. 다음 그림이다. 도움이 될런지 모르겠다. 자아와 세계가 맺고 있는 관계의 실체는 다음과 같다. 세계는 내 외부가 아니라 나의 내면에 있다. 이에 대해서는 이 책의 4부 [의미] 부분에서 자세히 다룰 것이다.

하지만 이러한 세계관은 낯설다. 그것은 상식적이고 평균적인 정규 교육 과정을 이수한 현대인에게 이 문제가 한 번도 중요하게 다뤄지지 않았기 때문이다. 하지만 기억해야 한다. 당신에게 진정으로 중요한 문제일수록 사회는 그것을 중요하게 다루지 않는다. 당신의 자유, 당신의 내적 성장, 당신의 영혼, 당신의 깨우침, 당신의 깊은 이해. 그 어떤 것도 사회는 이야기해주지 않는다. 세계와의 관계도 마찬가지다. 놀랍도록 독특하고 유일한 자아라는 존재가 세계와 맺고 있는 관계의 신비로움에 대해서는 아무도 말해주지 않는다. 대신 경제는 소비자와 시장의 관계를 말하고, 정치는 시민과 정부의 관계를 말하며, 사회는 대중과 지역사회의 관계를, 과학은 인류와 자연의 관계를 말할 뿐이다. 그 어디에서도 자아와 세계가 맺고 있는 관계는 다뤄지지 않는다.

어쨌거나 이렇게 세계가 자아의 내면이라는 관점에 심취해 있다 보니, 자연스럽게 타인의 실존에 대해서도 의심하게 되었다. 타인은 어디에 있는가? 타인은 세계의 일부이고, 따라서 나의 내면에 있다. 위의 그림에 타인을 그려 넣는다면, 타인은 다음의 자리에 위치한다.

물론 내 외부에 세계도 없고 타인도 없다는 극단적인 견해를 갖는 것은 아니다. 다만 내 눈앞에 드러난 세계와 타인이 적어도 실제의 세계와 타인과는 큰 차이를 갖는다는 것이다. 그것은 차라리 그림자에 가깝다.

타인에 대한 이러한 관점. 이것이 내가 타인과의 관계를 어렵게 느끼는 근본적인 이유다. 나는 어차피 타인에게 닿지 못하고 타인은 어차피 나에게 닿지 못한다. 나는 그림자를 보며 이야기하거나 벽을 사이에 두고 이야기하고 있는 것인지 모른다.

지혜로운 이는 이렇게 물을 것이다. 그렇다면 너는 왜 사람들을 만나고 말하고 글을 쓰는가. 그것은 내가 믿기 때문이다. 내 외부에 나처럼 자의식을 가진 타인이 존재할 것이라고 믿고, 그에게 어느 정도나마 닿을 수 있을 것이라 믿기 때문이다. 하지만 이것은 '사실'이 아니라 '믿음'의 문제다. 그리고 만약 종교의 본질이 믿음이라면, 나는 타인에 대한 종교를 갖는다고 할 수 있다. 나는 당신이 존재하길 바란다. 내 눈앞에 드러나는 육체라는 껍질을 넘어 저 외부에 당신의 의식이, 세계의 또 다른 관찰자가 실재하기를 바란다.

우리의 소통이라는 것이 슬프게도 수화를 모르는 사람들 간에 이루어지는 수화 같고 작은 바늘구멍을 통해 오고 가는 외침 같을지 모르지만, 나의 언어가 정제되고 다듬어져서 당신에게 전해진다면 내가 느끼는 감정의 미묘함을 당신도 느낄 수 있을 것이라 믿는다.

관계의 아득함. 소통의 노력이 온갖 오해로 점철될 수밖에 없다는 확고한 이해. 이것이 외로움의 본질이다. 당신에게 불현듯 휘몰아치는 깊은 고독과 쓸쓸함의 기원이 여기에 있다. 우리는 선택해야 하는 것인지 모른다. 타인에게 닿을 수 없다는 진실을 인정하고 외로워지거나, 타인에게 닿을 수 있을 것이라고 스스로를 속이며 매번 좌절하거나.

그래서 타인과의 관계는 나에게 가장 어려운 분야다. 그리고 이 책은 가장 어려운 분야에 대한 탐구 결과이고, 고독한 무인도에서 허황된 기대와 함께 띄워 보내는 유리병 속의 편지다. 이것이 당신에게가 닿기를.

사랑은 떠나고
세계는 남는다

이별에 대하여

오랜만에 나타난 후배의 눈매는 차분해져 있었다. 술자리가 무르익고 기분 좋은 대화를 이어가던 친구들이 후배에게 연인의 안부를 물었지만, 그녀는 구김 없이 투명하게 웃을 뿐이었다. 몇 잔의 건배와 녹록지 않은 사회생활에 대한 이야기와 학창시절의 추억이 오간 후 그녀는 조용히 먼저 일어나겠노라며 나에게 뒷수습을 부탁했다. 알았으니 걱정 말라는 말과 함께 물었다.

"괜찮은 거지?"

그녀는 어정쩡하게 일어서다 멈춰 섰다. 잠깐의 시간 동안 깊게 생각한 듯 담담한 목소리로 답했다.

"좋은 시간을 보냈어요."

그녀의 눈동자는 깊어졌고 건강해 보였다. 나는 안심이 되었다. 술자리가 파하고 집으로 돌아오는 버스 안에서 나는 세계에 대해 생각했다.

이것은 당신의 세계에 대한 이야기다.

상식적인 사람들이 있다. 별다른 의심 없이 주어진 세계를 있는 그대로 받아들이는 사람들. 이들은 이렇게 생각한다. 세계라는 것이 우선 존재하고 다음으로 내가 태어나서 그 위를 밟고 돌아다니는 것이라고. 세계와 자아의 선후관계가 명확한 것이다.

하지만 정말 그러한가? 세계의 존재는 나의 존재보다 앞서는가? 그렇다고 단언하기 어렵다. 지극히 상식적인 것 같으나 이러한 생각은 사실 매우 의심스럽다. 왜냐하면 세계가 언제나 나의 눈앞에서만 펼쳐 드러나니까. 나의 인생 전체를 통틀어 세계는 단 한 번도 나의 시야를 벗어난 적이 없다. 단적으로 말해서 세계는 자아라는 그릇 안에 담긴다.

굳이 세계와 자아의 선후관계를 말해야 하는 것이라면, 그것은 동근원적同根原的이다. 동근원적이라는 말은 우리에게 익숙하지 않은데, 일반적으로 서양철학의 해석학에서 사용하는 용어다. 어느 것이 원인이고 어느 것이 결과라고 분리해서 말할 수 없고, 두 가지가 서로 원인이 되는 동시에 결과가 되는 관계를 말한다. 쉽게 말해서 '닭이 먼저냐, 달걀이 먼저냐'와 같이 소모적인 논쟁을 해결하기 위한 가장 지혜로운 방법은 동근원적이라고 답하는 것이다.

세계와 자아의 관계도 마찬가지다. 그것은 원인과 결과, 선과 후의 관계가 아니라 서로가 서로의 근원인 동시에 결과가 된다.

세계에 대한 두 가지 견해가 있는 것이다. 어떤 이들은 세계가 자아와는 무관하게 객관적으로 존재한다고 믿는다. 반면 다른 이들은 세계가 자아와 독립해서 존재하는 것이 아니라 나의 주관에 의해 해석된 무엇이라고 본다. 일반적으로는 첫 번째 부류의 사람을 '실재론자'로, 두 번째 부류의 사람을 '관념론자'로 이름 붙여서 구분짓는다. 하지만 내가 궁금한 것은 이러한 용어로의 분류가 아니라 당신의 생각이다. 당신은 어떤 관점이 타당하다고 생각하는가? 지금까지 어떤 세계관을 당연하다고 믿으며 살아왔는가?

개인적으로 나는, 상식적으로 여겨지는 실재론이 세계의 진짜 모습을 반영하지 못한다고 생각한다. 쉽게 말해서 지구라는 물질적 무엇이 있고, 우리가 그 위에 모여 사는 것이 아니다. 우리는 각자의 세계 속을 살아간다. 당신과 나는 서로 다른 세계를 걷고 있다.

예를 들어보자. 유신론자와 무신론자는 다른 세계에 산다. 우선 유신론자의 세계에는 신이 실재한다. 신은 언제나 어디에서나 그를 지켜보고 보호하며 말을 건넨다. 유신론자의 세계에서 신은 망상이 아니라 실제로 존재하며, 인간의 삶에 구체적이고 분명한 영향을 미친다.

반면 무신론자의 세계는 그렇지 않다. 무신론자의 세계에 신은 없다. 그의 세계에도 신이라는 용어가 있고, 관련된 문학이 있고, 종교 현상이 있고, 교회나 성당이 있겠지만 어떤 초월적 존재로서의 신이 실재하는 것은 아니다. 그를 지켜보고 보호하며 말을 건네는 무엇은 존재하지 않는다. 세계는 물질과 인과법칙의 작용으로 움직일 뿐이다.

우리는 이렇게 물을 수 있다. 유신론자의 세계와 무신론자의 세계 중 실제 세계를 더 정확히 서술하는 세계관은 무엇인가? 당신이 확고한 유신론자이거나 무신론자라면 당연히 이것이라고 분명히 답할 수 있을지 모르나, 당신이 현명한 사람이라면 그렇지 않다는 것을 이해할 것이다.

'세계'는 언제나 '자아의 세계'다. 객관적이고 독립된 세계는 나에게 결코 드러나지 않는다. 나는 내가 해석한 세계에 갇혀 산다. 이러한 자아의 주관적 세계, 이 세계의 이름이 '지평地平, horizon'이다. 지평은 보통 수평선이나 지평선을 말하지만, 서양철학에서는 이러한 의미를 조금 더 확장해 자아의 세계가 갖는 범위로 사용한다.

즉, 지평은 나의 범위인 동시에 세계의 범위다. 우리는 각자의 지평에서 산다.

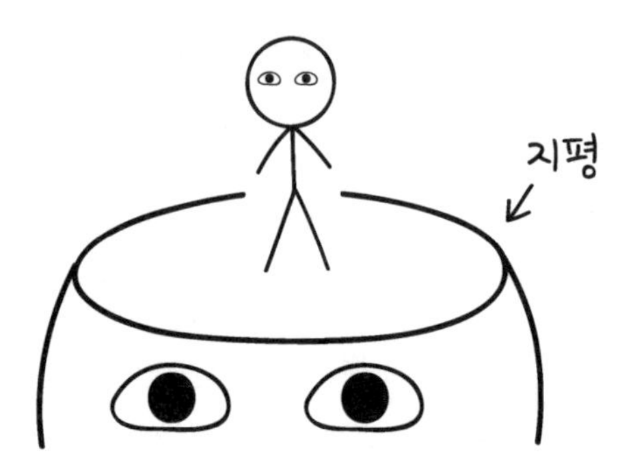

그러므로 만남이란 놀라운 사건이다. 너와 나의 만남은 단순히 사람과 사람의 만남을 넘어선다. 그것은 차라리 세계와 세계의 충돌에 가깝다. 너를 안는다는 것은 나의 둥근 원 안으로 너의 원이 침투해 들어오는 것을 감내하는 것이며, 너의 세계의 파도가 내 세계의 해안을 잠식하는 것을 견뎌내야 하는 것이다.

그래서일 거다. 폭풍 같은 시간을 함께하고 결국은 다시 혼자가 된 사람의 눈동자가 더 깊어진 까닭은. 이제 그의 세계는 휩쓸고 지나간 다른 세계의 흔적들을 고스란히 담아내고, 더 풍요로워지며, 그렇기에 더욱 아름다워진다.

헤어짐이 반드시 안타까운 것은 아니다. 그것은 실패도, 낭비도 아니다. 시간이 흘러 마음의 파도가 가라앉았을 때, 내 세계의 해안을 따라 한번 걸어보라. 그곳에는 그의 세계가 남겨놓은 시간과 이야기와 성숙과 이해가 조개껍질이 되어 모래사장을 보석처럼 빛나게 하고 있을 테니.

화장실 세면대를 붙잡고 울어본 적 있는가

연애에 대하여

화장실 세면대를 붙잡고 거울 속에서 울고 있는 자신을 대면한 적이 있는가? 그 불쌍한 사람은 고독하고 적막한 공간에 던져져 혼자의 힘으로 버티고 있는 중이다. 아무래도 세상은 녹록지 않다. 내 마음 같은 걸 신경 써주는 사람은 없다. 나라는 존재는 그저 아무것도 아니다. 회사와 학교와 사회와 국가라는 거대한 집단 속 하나의 구성원일 뿐. 나는 언제나 그 주변부에서 대중의 무리를 따라 발맞춰 걸어가야 한다.

그렇게 사회는 우리를 다그친다. 대중으로 남아 있으라. TV 속의 주인공들에게 열광하고, 직장 내 높으신 분들에게 예의를 갖추고, 시장의 고객들에게 고개를 숙여라.

그래서다. 연애를 한다는 것이 놀라운 까닭은. 가슴이 무너진 날, 그 사람에게로 가자. 그의 얼굴과 맑은 눈동자와 나를 반기는 미소를 보자. 그리고 그의 손을 잡고 이 밤을 보내는 거다. 바로 그 순간 나는 세상의 주인공이 된다. 세계는 나를 중심으로 회전하고 일상의 하찮음은 주변부로 사라진다. 사랑하는 이를 품에 안는다는 것은 그래서 그렇게도 놀라운 일이다.

샤갈의 그림 〈산책〉은 샤갈이 그의 연인 벨라와 결혼한 지 2년 후에 그린 작품이다. 샤갈은 가난한 유대인 농부의 아들이었고, 벨라는 모스크바 상류층 집안의 딸이었다. 부모의 강력한 반대와 현실의 빈곤함도 이들의 사랑을 막을 수는 없었다. 어쩌면 흔하디흔한 이들의 스토리는 샤갈의 작품을 통해 보편의 지위를 얻는다.

〈산책〉에서 샤갈은 검은색 옷을 입고 오른 손엔 비둘기, 왼손엔 벨라의 손을 잡고 있다. 그는 밝게 웃고 있다. 벨라는 하늘 위로 두둥실 떠올랐다. 다홍색 옷을 입고 오른손을 뻗어 샤갈의 손을 잡았는데, 마치 하늘로 날아가려는 벨라를 샤갈이 붙들고 있는 듯한 모습이다. 이 그림은 샤갈이 자신의 인생에서 가장 행복한 시기에 그려졌다.

그런데 가장 눈에 띄는 것은 하늘을 나는 벨라와는 달리 샤갈이 땅에 발을 붙이고 있다는 점이다. 이에 대해 일반적으로는 결혼 후 어느 정도 시간이 지나면서 샤갈이 현실을 고민했기 때문이라고 해석한다. 가장으로서 그는 이제 땅에 발붙이고 있어야만 했다는 것이다.

하지만 실제로 그러한 마음이었는지는 알 수 없다. 나는 〈산책〉을 보며 그런 생각은 들지 않았다. 그저 보통의 연인들이 함께 걷는 실제의 느낌을 그려냈다고 생각했다. 둘만의 산책에 나비처럼 들뜬 여인과 그 모습을 지켜보는 것만으로도 뿌듯한 남성의 모습. 그렇게 완벽한 시간에 현실의 무게라는 것이 그리 큰 문제였을까. 샤갈이 굳이 현실의 걱정을 화폭에 담아내고 싶었을까. 아닐 것이다. 이것은 그저 사랑하는 이의 손을 잡고 천천히 걸어본 사람이라면 누구나 이해할 수 있는 감정을 그려낸 것이라 생각한다. 그들이 손을 잡고 있을 때, 현실의 구차함은 주변부로 사라진다.

내가 말하고자 하는 것은 연애의 존재론적 측면이다. 우리가 연인의 손을 잡을 때, 세계의 구조는 재편되고 나와 그 사람은 세계의 중심에 우뚝 선다. 연애는 단순히 사람과 사람이 만난다는 표면적인 사실을 넘어선다. 연애는 세계의 문제다.

새로운 세계와의 조우. 이것이 사랑하는 이를 만난다는 행위의 진정한 의미다. 이제 그의 지평은 나의 지평으로 침투해 들어와서 결국 나의 세계와 겹쳐진다. 나는 그의 세계에 발을 들여놓고 기존의 세계에는 없던 신비하고 새로운 것들을 하나씩 마주하게 된다. 그의 향기, 그의 옷가지, 그의 가구들, 그의 취향, 그의 언어, 그의 습관들, 그의 세계관. 나는 그가 먹는 것을 먹고, 그가 하는 말을 따라 하며, 그의 세계를 받아들인다.

그래서 헤어진다는 것은 그렇게 슬픈 일이 아니다. 그가 사라진다고 해도 그의 세계는 그대로 남을 것이기 때문에. 나는 한동안 그가 그대로 놓고 간 세계를 이리저리 배회하게 될 것이다. 그의 물건들을 들춰보고, 그의 생각의 파편들을 더듬을 것이다. 하지만 슬퍼할 필요는 없다. 사라진 것이 아니니까. 그의 세계는 나의 세계 위에 온전히 남는다. 나의 세계는 넓어지고 두터워지며, 그렇게 나는 성숙해간다.

물론 우리는 다시 고독해질 것이다. 적막 속에 던져질 것이며, 혼자의 힘으로 현실의 횡포를 견뎌내야 할 것이다. 아무래도 세상은 녹록지 않고, 내 마음 같은 걸 신경 써주는 사람은 없으니까. 그렇게 사회는 우리를 다그칠 것이다. 대중으로 남아 있으라. 세상의 다른 주인공들에게 고개 숙여라.

하지만 우리는 또 다시 화장실 세면대를 붙잡고 거울 속에서 울고 있는 자신을 대면하지는 않을 것이다. 가끔 다시 힘들겠지만, 그의 손을 잡고 세계의 중심이 되었던 기억이 우리를 보호할 테니까. 우리는 거울 속의 젊은이에게 이렇게 말할 것이다. 나에게는 사랑하는 사람이 있었다.

그리고 몇 번의 겨울과 몇 날의 밤을 보내고 다시 봄이 찾아온 어느 맑은 날, 우리는 또 다시 운명처럼 새로운 세계를 조우하게 될 것이다.

그에게는 오카리나가 남았다

흔적에 대하여

덩치가 산만 한 후배 A의 취미는 오카리나 불기다. 혹시나 당신이 오카리나가 뭔지 모를 수도 있으니 간단히 설명을 하면, 도자기로 만든 작은 관악기다. 입에 물고 바람을 넣고 울림구멍을 손가락으로 막거나 떼면 청명하고 아름다운 소리를 낸다. 분명 어디선가 봤을 거다. 왜 그 동글동글하고 작은 악기 있지 않은가. 이번 이야기에서 중요한 건 소리가 아니라 크기이므로 그 크기에 대해 말해보면, 아주 작다. 보통 주먹만 한 크기로 작은 것은 한 손에 두세 개도 집을 수 있을 정도다. 그래서 중학교 시절에 씨름을 했다는 후배 A가 그 굵직한 손가락을 오므려 오카리나의 작은 구멍을 막았다 떼었다 하는 모습을 보고 있노라면 여러 가지로 심란해지는 것이다.

A는 울적할 때면 아직도 집에서 혼자 오카리나를 분다며 쑥스럽게 웃었다. 나는 그의 말은 귀에 들어오지 않고 과연 저 손가락이 구멍을 구분해서 막을 수 있는 것인지 혹은 숨을 들이켜다가 오카리나를 삼키는 것은 아닌지를 생각했지만 겉으로 드러내지 않고 최대한 태연하게 좋은 취미를 갖고 있다고 말해주었다. A는 기분이 좋았는지 연습한 곡을 들려주겠노라며 오카리나를 불기 시작했다. 나는 기대하는 눈빛으로, 내 생각이 과연 실현될는지를 지켜보았다.

A가 오카리나를 불기 시작한 것은 대학교 신입생 때부터다. 믿기지 않는 일이지만 그에게도 풋풋한 신입생 시절이 있었다. 벚꽃이 피어나던 4월의 어느 맑은 날, A는 나에게 오카리나 동아리에 들 것이라고 말했다. 유도부의 러브콜을 받고 있는 것으로 알고 있었는데 밑도 끝도 없이 오카리나라니. 처음에는 모든 신입생이 그러하듯 이것저것 자신의 가능성을 타진해보는 정도라고 생각했다. 맞지 않는 옷임을 알면 금방 포기하겠지. 하지만 그는 진지했고 결국 가입했다. 뭐 대학 동아리야 실제 활동보다는 사람들과의 관계가 주가 되는 것이니까. 그냥 그러려니 생각하며 이유는 따로 묻지 않았다.

나중에서야 마음에 두고 있는 여학생 때문이었음을 알았다. 후배와의 식사 자리에 우연히 합석하게 되면서 만난 그녀는 아직 고등학생 티를 벗지 못한 작고 앳된 신입생이었다. 오카리나를 분다면 너무나도 잘 어울릴 것 같은 분위기를 가진. 후배 A는 식사 자리 내내 긴장한 모습이 역력했다. 안 봐도 그녀에게 끌려다닐 거라는 생각이 들었지만 그래도 나름대로 잘 어울리는 커플이 될 거라고 나는 믿기로 했다.

하지만 순애보는 생각보다 오래 지속되지 못했다. 후배의 고백에 그녀가 동아리를 떠나면서 모든 상황은 급격히 정리되었다. 나는 자세한 내막을 듣지 못했어도, 후배의 상심이 크다는 것만은 분명히 알 수 있었다. 그는 아무렇지 않으니 자기 걱정은 하지 말라며 웃었지만, 저 커다랗고 듬직한 덩치 안쪽으로 아직 학생 티를 벗지 못한 앳된 소년이 처음 맞이하는 실연에 적잖이 놀랐음을 절절히 느낄 수 있었다.

캠퍼스가 5월의 녹음으로 짙어지고 대학축제로 학생들이 분주해질 무렵에야 후배는 회복되어갔다. 수업을 듣고 과제를 제출하고 저녁마다 동아리 사람들과 함께 공연을 준비하며 그는 분주한 시간을 보냈다.

반드시 와야 한다는 후배의 협박에 시간 맞추어 야외 공연장으로 들어섰을 때, 오카리나 동아리의 공연이 막 시작되고 있었다. 흰색의 티셔츠를 맞춰 입고 일렬로 늘어선 연주자들의 가장 왼쪽 끝에 세상에서 가장 진지한 표정의 후배가 서 있었다. 맑고 청아한 음색의 멜로디를 따라가는 후배를 보며 나는 생각했다. 그에게는 오카리나가 남았다.

대학을 졸업하고 사회생활을 시작한 지 십 년이 넘었는데도 그는 여전히 오카리나를 분다. 그의 연주는 꽤나 들을만 하다. 후배의 진지한 표정을 보며 생각한다. 인생이란 무엇일까? 길고 긴 인생 중간에서 만나는 인연이란 무엇이고, 그 인연이 나의 세계에 남기고 가는 흔적들은 무엇일까?

인생이 생각보다 살아가기 어려운 것은 혼자 사는 것이 아니기 때문일 테다. 혼자 살아가는 것이었다면 나의 계획과 전망과 실행에 따라 한 치의 오차도 없이 돌아갔겠지만, 실제 세상에는 나의 세계 전체를 뒤흔드는 타인이 있어 언제나 예상치 못한 방향으로 흐르고 만다. 그것을 간신히, 간신히, 수습해가면 결국 나의 삶은 누더기가 되어 있을 것이다.

그래서가 아닐까. 우리가 하나의 의식으로 존재하는 것이 아니라 무수히 많은 독립된 의식으로 분화되어 만난 이유가. 단조로운 단색의 창백함에서 벗어나 서로에게 의지한 다채로운 색상으로 세상을 드러내기 위해서, 우리는 타자로서 서로의 앞에 서는 것일 게다. 덩치가 산만 한 후배가 들려주는 오카리나의 맑은 소리를 들으며 나는 반드시 그런 이유일 것이라 혼자 확신했다.

맑은 겨울 아침,
그는 떠난다고
말했다

소년병 이야기 1

초원은 어김없이 들꽃이 점령했다. 바람은 따뜻해졌다. 여인은 봄의 언덕에 섰다. 그것은 마중을 위해서다. 저 멀리 지평선을 등지고 나그네가 걸어오고 있기 때문에. 그의 모습은 아직 뚜렷하지 않지만 여인은 알고 있었다. 이 언덕을 지나가는 모든 나그네가 그러하듯 그도 장작으로 쓸 자신만의 짐을 한 아름 지고 오리라는 사실을. 다만 그가 떠나는 날이 도래할 때까지 장작의 무게는 그도, 그녀도 알 수 없을 것이다.

소년병은 현관 입구에 우뚝 섰다. 여인이 문을 열어주었지만 오두막 안으로 쉽게 들어서지 못했다. 그는 그대로 선 채 살림살이를 둘러보았다. 깨끗한 가구와 카펫, 햇살을 머금은 줄무늬 커튼, 건강한 화초들, 거실을 채운 제비꽃 내음. 소년병은 지쳐 있었다. 여인은 그의 불안한 눈빛을 읽어내었지만, 어쩔 수 없다는 것을 알고 있었다. 기나긴 겨울을 지내며 깊은 고독 속에서 여인은 성숙해 있었던 것이다.

"모든 규칙이 그러하듯 장작이 모두 태워 없어질 때까지만 이곳에 남아 있겠다."

소년병이 당당하게 말했다. 여인은 아무 대답도 없이, 그 무게를 가늠할 수 없는 소년병의 짐을 받아들었다. 여인은 깨끗한 방을 내어주었고 첫 번째 장작을 꺼내어 불을 지폈다. 그날 밤 소년병은 오랜만에 깊게 잠들었다.

다음날부터 소년병은 여인의 밭에 나가 일을 했다. 소매를 걷고 삽과 곡괭이를 들고 여인이 오랜 시간 손대지 못했던 울타리를 힘차게 쌓아올렸다. 봄채소를 심을 밭을 갈고, 가축들을 돌보았다. 소년병은 스스로 생각하기에 더 합리적인 새로운 규칙을 만들어내었다. 예를 들면 이런 것이다. 카펫과 침구류는 일주일에 한 번 볕에 말릴 것. 화초는 집 안에 두는 것보다 밖에서 볕을 쬐게 하는 것이 더 좋으니 밖으로 옮길 것. 지금의 가구 배치는 둘이 쓰기에 적절하지 않으니 새롭게 배치할 것. 오랜 시간 여인의 집을 보호하던 질서와 평화는 깨어졌다. 하지만 여인은 새로운 규칙을 받아들였다. 그것은 그녀가 수동적이어서가 아니라 이것이 모든 만남에서 언제나 찾아오는 하나의 과정임을 그녀가 이해하고 있었기 때문이었다.

해가 지면 여인과 소년병은 벽난로 앞에 앉았다. 그렇게 밤이 깊어질 때까지 이야기를 나누었다. 여인은 소년병에게 오래된 전설과, 아름다운 시와, 유년 시절의 추억에 대해 말해주었다. 하지만 소년병은 여인의 이야기에 집중하지 못했다. 대신 그는 자신이 건너온 바깥 세상에 대한 이야기를 여인에게 들려주었다. 세계는 전쟁 중이다. 그 끝은 보이지 않는다. 사람들은 모두 이기적이고 잔인해졌다. 나는 언젠가 치열한 전투가 벌어지는 전선으로 다시 돌아가야만 한다. 그는 여전히 불안했고, 그의 불안은 늪이 되어 여인을 끌어당겼다.

그렇게 밤이 깊어지면 소년병은 여인의 무릎을 베고 잠이 들었다. 여인은 그의 숨소리가 차분해질 때까지 그를 위로했다. 벽난로의 빛이 그의 얼굴에 넘실거렸다. 지그시 감은 눈, 부드러운 머릿결, 온기에 상기된 앳된 얼굴. 여인은 그를 사랑했다.

어깨까지 담요를 덮어주고 그가 추워하지 않을 만큼의 장작만을 꺼내어 불을 지폈다.

여름이 되자 초원은 눈부시게 푸르렀다. 여인과 소년병이 함께 돌본 오두막은 한결 사람 냄새 나는 집이 되었다. 구름 없이 맑은 날이면 둘은 함께 빨래를 했다. 태양은 빨래를 말리고 초목을 자라게 했다. 하지만 집 밖에 두었던 화초들은 돌보지 못한 사이에 모두 말라 있었다. 여인은 죽은 화초를 내다 버리고 그 자리를 정리했다. 그에게는 어떤 말도 하지 않았다.

소년병은 점차 건강해졌고, 이제는 여인의 방을 제외한 집안의 모든 공간을 사용했다. 그는 여인의 방을 들여다보고자 했다. 그러나 여인은 그곳에는 아무것도 없다며 허락하지 않았다. 소년병은 이해할 수 없었지만, 이해할 수 있다고 말했다.

가을이 되어 초원과 숲이 물들어갈 즈음부터 소년병은 환청을 듣기 시작했다. 멀리 포탄이 떨어지는 소리를 듣지 못했느냐고 겁에 질린 얼굴로 여인에게 물었다. 여인은 그에게 필요한 것이 인내의 시간임을 알았지만, 소년병은 그것을 알기에 너무 어렸다. 그는 초조했다. 아침저녁으로 쌀쌀해진 바람에 맞서 언덕 너머를 응시하는 시간이 길어졌다. 여인은 걱정했다. 한편으로는 그것이 그가 인내하는 방법이라고 믿고 싶었다. 그러나 결국 소년병은 지독한 감기에 걸리고 말았다.

해가 지면 소년병은 고열에 시달렸고 쉽게 잠들지 못했다. 여인은 그를 돌보았다. 그는 병석에 누워 아득해진 의식 속에서 여인을 원망했다. 이것은 당신의 탓이다. 당신이 장작을 충분히 태우지 않았기 때문이다. 매일 밤 나는 추위에 떨어야 했다. 그것이 내 고통의 이유다. 여인은 슬펐다. 질병은 병자의 영혼을 갉아먹고, 병자는 그를 지켜봐야만 하는 이의 영혼을 병들게 한다. 그에게도, 그녀에게도, 밤은 너무나 길고 고통스러운 시간이었다.

그가 병석에서 일어났을 때는 이미 언덕과 오두막과 세상이 눈에 덮여 있었다. 어느 맑은 겨울의 아침, 소년병은 떠나겠다고 말했다. 여인은 이유를 물었다. 소년병이 말했다. 그것은 당신이 나를 사랑하지 않기 때문이다. 여인은 가슴이 아팠다. 그녀가 말했다. 당신을 떠나보내지 않으려는 노력이었다. 모든 나그네가 그러하듯 장작이 다하고 나면 당신도 떠날 테니까. 한 번에 태워버리지 않고 천천히 주어진 삶이 다할 때까지 당신과 함께하려는 것이었다.

소년병은 고개를 가로저었다. 나를 다른 나그네와 비교하지 마라. 나는 그들과 다르다. 무엇인가를 아끼고 지키고 숨기는 사람과는 미래를 약속할 수 없다.

여인은 겨울의 언덕에 섰다. 그것은 배웅을 위해서다. 저 멀리 지평선을 향해 나그네가 걸어가고 있기 때문에. 그의 모습이 희미해질 때까지 그녀는 그 자리를 지키고 있었다.

떠나보아야만 알게 되는 것들이 있다

소년병 이야기 2

손바닥 위로 빗방울이 떨어졌다. 흙먼지가 구정물이 되어 방울방울 흘러내렸다. 소년병은 한동안 그 모습을 지켜봤다. 갈라지고 거친 군인의 손이 씻겨 내려가자 그 속에 숨겨져 있던 아직은 가늘고 뽀얀 소년의 손이 드러났다. 그는 빗물을 움켜쥐듯 주먹을 쥐었다. 빗방울은 강해지고, 이내 철모를 타고 우비 속으로 흘러들었다. 서늘함이 그를 움츠리게 했다.

길가에 길게 늘어서 앉은 병사들 사이에 소년병도 앉아 있었다.

그는 고개를 돌려 주위를 살폈지만 눈에 들어오는 것은 많지 않았다. 높은 나무들과 흙탕물로 더럽혀진 길과 우비 속으로 고개를 파묻은 병사들의 불안한 눈동자.

소년병은 우비 안쪽으로 손을 넣어 상의의 앞주머니를 더듬었다. 여러 번 접은 종이의 얇은 두께가 느껴졌다. 그는 깊게 안심했다. 편지였다. 빗줄기는 굵어지고 빗방울들은 튀어 오르며 낮게 물안개를 만들었다. 소년병은 눈을 감고 편지의 구절을 기억해냈다. 깊은 침묵 속에서 서늘함을 오로지 견뎌내야 하는 시간. 슬픔과 안타까움은 차라리 그가 기댈 유일한 위로가 되었다.

"한때는 서로에게 아름다운 사람이었습니다. 변해버린 모든 것이 아직도 마주하기 어렵습니다. 많은 비참한 마음과 마주합니다. 힘든 삶에서 위로가 되고, 휴식이 되는 사람이었던 때를 생각합니다. 함께 걷던 언덕과 따뜻한 벽난로와 밤을 새웠던 이야기들을 기억합니다. 이제 당신에게 필요한 것이 더 이상 나에게 없다는 사실을 받아들이려고 합니다. 항상, 언제나 같이 걸을 것이라 혼자 생각했던 시간이 슬픕니다. 그럼에도 힘든 순간들이 끝나고 계속 걸을 수 있게 해준 당신께 감사합니다. 당신의 불안이 사라지고, 인생의 아름다운 순간들을 만나길 바랍니다. 불안한 영혼이 안심하고 세상과 마주할 수 있기를."

멀리 외치는 소리, 일어서는 군인들, 비에 젖은 군장, 옷깃 안에서 올라오는 뜨겁고도 무거운 습기. 나의 불안 때문이었다. 떠나왔던 이유는. 그녀를 핑계 댔지만, 내가 정착해야 할 모든 이유를 그녀는 가지고 있었고, 나는 그것이 두려웠던 거다. 소년병은 생각했다. 우리가 지금이 아니라 각자 인생의 다른 시간에서 서로를 만났더라면, 나의 긴 여행을 마친 그 어느 날, 불안과 두려움이 끝난 그 첫날에 당신을 만났더라면, 우리의 마지막은 슬프지 않았을 것이다.

멀리 포탄의 소리가 빗속에 섞여 어깨 위로 부서졌다. 긴 행군의 앞쪽 누군가 외쳤다. 전선이 가까웠다! 적의 매복에 유의하라! 경계를 늦추지 마라! 철모를 때리는 빗소리와 멀리 포탄의 진동과 피로한 발걸음과 아군의 함성이 만드는 혼란 속에서 소년병은 생각했다.

'만약 살아서 이곳을 빠져나가게 된다면, 다시 한 번의 기회가 주어진다면, 당신의 언덕으로 돌아가리라. 당신에게 용서를 빌고, 당신의 맑은 눈동자를 바라보며, 이렇게 말하리라. 나는 세상의 끝을 보고 왔다. 그곳에는 아무것도 없었다. 다만 당신이 있었다. 이제 다른 것이 아니라 당신을 보겠다.'

그 사이 군인들 사이에는 소문이 돌았다. 행군이 멈췄던 이유는 지도에 없는 마을이 나타났기 때문이라는 것이다. 소식이 빠른 몇몇의 군인들은 소년병이 들릴 만큼의 거리에서 자신이 들은 정보를 교환

했다. '마을에는 적의 매복이 있다. 행군을 멈춘 동안 정찰병들을 보냈지만 그들은 돌아오지 않았다. 지휘관들은 고민 끝에 마을을 통과하기로 했다.' 몇몇의 군인들은 소문에 동요했고, 이것은 의미 없는 죽음이라며 지휘관들의 무능함을 소리 높여 비난했다. 불안은 죽은 자들이 되어 군인들의 발목을 붙잡으려 했다. 하지만 행군은 멈추지 않았다. 군인들은 빗속으로 걸어갔다.

다른 시간을 걸어가는 사람들은 만날 수 없다

소년병 이야기3

괜찮은 남자였다. 자상하고 가정적인. 그는 떠나지 않을 것이다. 여인은 알 수 있었다. 그는 가늠할 수 없는 자신만의 짐을 지고 오지 않았다. 여인은 처음에는 그것을 이해할 수 없었지만 그런 사람도 있을 수 있다고 생각하기로 했다. 큰 키에 다부진 체격, 매사에 적극적인 사람이었다. 마치 그에게는 정오만이 있는 듯했다. 그의 끝 모를 해맑음에 여인은 끌렸던 것이다.

다만 그의 체취는 낯설었다. 시간이 문제일 것이라 생각해봤지만 나아질 기미는 없었다. 그가 여인을 안을 때마다 싫지 않으면서도 언제나 그의 체취에 대해 생각하게 되는 것은 어쩔 수가 없었다. 그것은 여인을 집중하지 못하게 했다. 몸은 그의 품에 있는데 누워 있는 공간과 흘러가는 시간이 느껴졌다. 그럴 때면 여인은 눈을 감고, 슬프게도 소년병을 생각했다.

너울거리는 벽난로의 불빛, 부드러운 머릿결, 온기에 상기된 얼굴과 지그시 감은 눈. 곤히 잠든 그에게 사랑한다고 말하던 시간들. 하지만 생각은 쉽게 깨어졌다. 여전히 낯선 남자의 냄새는 여인을 기억의 세계에서 빠르게 건져 올렸다. 그럴 때면 그녀는 참을 수 없는 서러움에 흐느꼈고, 당황한 남자는 어쩔 줄을 몰라 했다.

괜찮은 남자다. 자기에게 확신을 주려는 듯 여인은 습관적으로 되뇌었다. 적어도 그는 불안해하지 않는다. 적어도 그는 전쟁 중이 아니다. 적어도 그는 나를 홀로 내버려 두지 않을 것이다. 여인은 되뇌었다. 그럴수록 결핍의 자리는 커져갔고, 견딜 수 있는 시간은 줄어들어갔다.

끝은 생각보다 빠르게 다가왔다. 특별할 것 없는 평온한 가을날의 저녁. 여인이 거실로 들어섰을 때, 남자는 의자에 반쯤 기대어 앉아 느긋이 시간을 보내고 있었다. 그는 괜찮은 남자다. 여인은 속으로 되뇌었다. 여인이 물었다.

"나를 왜 사랑해?"

남자가 고개를 돌려 여인을 바라보았다. 여인은 조금 지쳐 보였지만 그 이유를 전혀 가늠할 수 없었기에 그저 대수롭지 않게 여겼다. 남자는 뜬금없다는 듯한 표정을 지어보이고는 망설임 없이 대답했다.

"네가 좋은 어머니가 될 것 같아서."

"아니."

여인이 절망한 듯 손으로 머리를 짚었다. 남자는 당황했다. 그렇게 나쁜 답변은 아니라고 생각했던 것이다. 여인이 지친 듯 다시 물었다.

"나를 왜 사랑하느냐고."

남자가 자리에서 일어나 여인 앞으로 걸어왔다. 그리고 여인의 어깨를 부드럽게 어루만지며 무슨 안 좋은 일이 있는지를 물었다. 여인이 그의 팔을 밀치며 말했다.

"너는 질문을 이해하지 못하고 있어. 아니면 네가 사랑한다는 것이 무엇인지 이해하지 못하는 사람이거나."

남자도 점점 화가 났다.

"뭐가 그렇게 항상 불만이야? 내가 마음에 안 드는 게 있으면 솔직하게 말해. 뭐든 빙빙 꼬아서 말하지 말고."

여인이 대답했다.

"너는 나를 사랑하는 게 아니라 네 아이의 어머니가 될 사람이 필요한 거야."

여인은 알고 있었다. 남자는 이 말의 의미를 이해하지 못할 것이다. 하지만 상관없다. 어차피 이것은 그가 아니라 스스로에게 하고 있는 말이니까. 필요 때문에 붙잡고 있는 것과 사랑하기에 함께하는 것은 다르다.

몇 차례의 실랑이가 오고 갔다. 하지만 여인의 귀에 그의 목소리는 닿지 못했다. 그의 목소리는 거실의 무거운 공간을 맴돌았다. 결국 여인이 입을 열었다.

"떠나줘."

말을 마쳤을 때, 여인은 자신이 그렇게 오랜 시간 말하고 싶었던 것이 이 말이었음을 강하게 느꼈다.

계절이 바뀌고 언덕 위로 겨울이 내려앉았다. 여인은 거실 탁자에 앉아 편지를 썼다. 탁자 위에는 고요히 타들어가는 등잔과 종이가 놓여 있었다. 여인은 천천히 써내려갔다. 이것은 마지막 편지가 될 것이다. 그리고 오지 않는 답장을 기다리는 시간도 더는 없을 것이다. 겨울은 끝나지 않을 것이고, 봄은 두 번 다시 돌아오지 않을 것이다.

여인은 병에 대해 생각했다. 세상에는 두 종류의 연인이 있다. 건강한 연인과 병에 걸린 연인. 만남이란 때가 있는 법이라서 아직 병이 낫지 않은 사람이 건강한 사람을 만날 수는 없다. 충분한 시간이 흘러 병이 나았다 하더라도 달라지는 것은 없다. 그 시간 동안 지친 그는 사라지고 없을 것이다. 신의 운명도, 영원의 약속도, 다른 시간을 걸어가는 그들을 묶어둘 수는 없다.

그날의 밤은 길었다. 등잔이 타들어가는 소리와, 기름 냄새와, 곱게 접혀진 편지. 여인은 이제 병들었고 먼저 병든 이에게 편지를 쓰고 있지만, 그들이 함께할 수 있는 시간은 이미 지나갔음을 잘 알고 있었다. 이제 그녀가 할 수 있는 것은 그의 건강을 바라는 것뿐이었다.

불안한 영혼이 안심하고 세상과 마주할 수 있기를.

매듭을 이어 고리를 만들다

소년병 이야기 4

매복이었다. 후방에 차려진 야전병원으로 부상자와 전사자가 끝없이 밀려왔다. 고통을 토해내는 비명소리와 부상자들의 피로 야전병원은 지옥이 되었다. 인력이 턱없이 부족했기에 의무병과 간호사는 응급처치보다 가망이 없는 이들을 골라내는 데 더 많은 시간을 할애해야 했다. 소년병이 들것에 실려 왔을 때도 의무병은 별다른 조치를 하기보다는 군의관을 향해 두 손을 저어 보였다. 이제는 익숙해진 수신호였다. 군의관은 고개를 끄덕이면서도 한 번 더 소년병의 상태를 살펴보았다. 어깨부터 얼굴까지 알아볼 수 없게 뭉개져 있었다. 파편이 비집고 들어간 상흔이 선명했다. 군의관은 단번에 가망이 없음을 알아보았지만 아직 숨이 붙은 자를 내버려둘 수도 없었다. 진통제를 투여하고 지혈하는 동시에 살 속에 묻힌 파편을 뽑아내었다.

그때 소년병은 여인을 생각했다. 그녀의 하얀 손, 마음을 다독이는 부드러운 목소리, 그녀의 품속으로 파고들 때마다 얼굴을 간지럽히던 그녀의 머릿결, 따뜻한 젖가슴. 제비꽃의 향기. 소년병은 다시 여인의 품에 있고 행복해졌다. 하지만 이내 슬퍼졌다. 나 때문이다. 내가 어리석었기 때문이다. 그때는 알지 못했다. 내가 정착할 곳이 그곳이었음을. 다시 그때로 돌아갈 수 있다면, 만약 단 한 번의 기회가 주어진다면, 다른 것이 아니라 그녀를 볼 것이다.

"불쌍한 자여."

소년병은 놀라 주위를 둘러보았다. 누구의 목소리인가.

"불쌍한 자여."

목소리의 주인이 눈앞에 드러났다. 검고 깊은 그림자. 눈은 보이지 않았지만 그가 자신을 주시하고 있음을 소년병은 분명히 느낄 수 있었다. 당신은 누구인가. 소년병의 물음에 검은 그림자가 대답했다.

"누구인지는 중요하지 않아. 네가 원하는 바를 내가 들어줄 수 있느냐가 중요하지."

"내가 무엇을 원하는데?"

"다시 한 번의 기회."

소년병이 간절히 물었다.

"나를 그녀에게 데려다줄 수 있다고?"

그림자는 보이지 않았지만 슬픈 표정을 지었다. 그리고 천천히 대답했다.

"그녀에게 데려다줄 수는 없어. 대신 그녀를 너에게 데려다주겠다."

소년병은 그게 무슨 말장난인지 이해할 수 없었지만 상관없었다. 어쨌든 중요한 건 그녀를 다시 볼 수 있다는 것이니까. 소년병은 간곡했다. 어서 그녀를 데려와다오.

"불쌍한 자여. 다만 작은 조건이 하나 있다. 결과는 바꿀 수 없어. 그건 신도 할 수 없는 일이지. 그녀와 함께할 수 있는 기한이 있다. 그건 그녀의 입에서 사랑한다는 말이 나오는 때다. 하루가 될 수도 있고, 십 년이 될 수도 있고, 영원이 될 수도 있어. 그녀가 너의 맑은 눈을 바라보며 진심을 다해 사랑한다고 말하는 순간, 꿈은 깨어지고, 기억은 사라지고, 계약은 종료되며, 너의 영혼은 내가 거두게 된다."

소년병은 그렇게 하겠노라 약속했다. 명심하겠으니 어서 그녀를 데려다달라고 그림자에게 매달렸다. 그림자가 그의 모습을 내려다보며 눈물을 지어 보였다. 그리고 말했다.

"참으로 불쌍한 자여. 너는 눈이 멀어 그 어떤 것을 요구해도 모두 허락하는구나. 무엇이 중요한지 알아보지 못하는 눈은 그때나 지금이나 다름이 없구나. 너의 소원은 이루어졌다. 이제 잠에 들 것이고 깨어났을 때, 그녀를 맞이할 것이다."

말이 끝나는 동시에 소년병의 눈꺼풀이 점차 무거워졌다. 잠에 빠지면서도 소년병은 설레었다. 졸음 가운데 그림자에게 물었다. 당신은 신인가?

그림자가 대답했다.

"누구인지는 중요하지 않아. 다만 이렇게 말할 수 있겠다. 나는 수선공이고, 치료사이며, 균형을 잡는 자이고, 매듭을 이어 고리를 만드는 자다."

지혈로 막아둔 상흔에서 피가 쏟아져 나왔다. 군의관과 의무병이 급하게 손으로 막아보려 했으나 걷잡을 수가 없었다. 곧이어 묵직한 경련과 함께 그의 숨이 끊어졌다. 군의관이 허탈한 표정으로 의무병의 얼굴을 바라보았다. 하지만 그들의 좌절감은 오래 가지 않았다. 새로운 부상자가 들어왔고 다시 분주하게 움직여야만 했던 것이다. 그들이 자리를 떠나고, 피에 젖은 간이침상 위에 놓인 소년병의 시신은 잠시나마 평온하게 방치되었다.

봄,
그들은 언젠가
만날 것이다

소년병 이야기 5

소년병이 언덕으로 올라섰을 때, 그곳에는 아무것도 없었다. 초원이 펼쳐져 있을 뿐 여인의 오두막도, 집터의 흔적도 찾을 수 없었다. 분명 이곳이 맞다. 소년병은 수없이 많은 날 동안 주위를 헤매었고 수없이 많은 밤을 나무 밑에서 잠들었다. 충분한 시간이 흘러 마음의 동요와 후회가 가라앉았을 때, 소년병은 훌훌 털고 일어나 그곳에 작은 안식처를 마련하기 시작했다. 터를 닦고 나무를 베고 기둥을 올리고 바위와 흙으로 벽을 세웠다. 기억 속에 선명한 여인의 오두막을 따라 지붕을 올리고 울타리를 세웠다. 완성된 오두막은 마음에 꼭 들었다. 모든 것이 마무리되었을 때, 그는 추억 속으로 걸어 들어가 문을 걸어 잠그고 아주 오랜 시간 그곳에 머물렀다.

무수히 많은 계절이 지나고, 시간의 흔적을 고스란히 담아낸 오두막은 언덕 위에 깊게 뿌리를 내렸다. 이제 소년병은 오두막처럼 낡았고 희망보다 후회가 많은 나이가 되었다. 그렇게 깊은 고독과 외로움 속에 천천히 침잠하던 어느 날, 봄과 함께 사람이 찾아왔다.

문을 두드리는 소리에 밖으로 나섰을 때, 그곳에는 호기심과 생명력으로 충만한 앳된 소녀가 서 있었다. 문이 열리자, 그녀는 허락도 없이 오두막 안으로 발을 들였다. 그러고는 여기저기 살림살이를 둘러보았다. 낡은 가구와 카펫, 색 바랜 커튼, 거실 위에 내려앉은 먼지. 그녀는 나비처럼 집안을 돌아다녔고 소년병의 가슴은 무너져내렸다. 제비꽃 내음이다. 소녀는 불안해하지 않았고, 가늠할 수 없는 그녀의 짐은 너무도 간소했다.

"마음에 들어. 여기에 머물 거야."

소년병은 아무 대답도 하지 못했다. 그렇게 소녀의 짐을 받아들였다. 자신의 방을 내어주었고, 그녀의 짐 속에서 첫 번째 장작을 꺼내어 불을 지폈다. 그는 생각했다. 계약은 성사되었다. 고리는 이어졌고, 바퀴는 돌아가며, 수레는 움직이기 시작했다.

하지만 결코 도착하지는 않을 것이다. 목적지에 닿지 않을 것이고, 운명의 잔은 엎어질 것이며, 예언은 깨어질 것이다.

그날 밤 소년병은 잠들지 못했다. 벽난로 앞에 앉아 타들어가는 장작의 모든 순간을 주시했다.

소녀는 싱그러웠다. 봄처럼 오두막은 살아났다. 소매를 걷어 올린 그녀의 가는 손은 거칠고 상처 난 그의 공간을 어루만졌다. 먼지를 털어내고 창문을 열어 환기를 하고 햇볕에 빨래를 널었다. 그리고 숲에서 작은 화초를 캐내어 거실에 두었다. 오두막은 원래의 주인을 찾은 것처럼 그녀에게 순종했다.

해가 지면 소년병은 언제나처럼 벽난로 앞에 앉아 생각에 잠겼다. 소녀가 찾아오고 달라진 것이 있다면 이제는 과거가 아니라 미래를 생각하게 되었다는 것이다. 하지만 미래는 달콤하지 않았다. 그는 끝을 생각했고, 끝의 지연과 운명의 회피를 고민했다. 어떻게든 그녀의 곁에 머물고 말겠다. 한 번에 태워버리지 않고 천천히 주어진 삶이 다할 때까지 그녀와 함께하겠다.

그래서였다. 생각에 잠긴 그에게로 소녀가 다가올 때마다 자리에서 일어나 거리를 유지했던 이유는. 그가 머뭇거리다 아무 말도 하지 못하고 방으로 들어가 버리면, 소녀는 그가 앉았던 의자에 무릎을 구부리고 앉아서 알 수 없는 답을 찾아 헤매었다. 왜 서로에게 닿을 수 없는 것일까.

초원이 눈부시게 푸르던 여름의 어느 날, 소녀는 짐을 챙겨 현관 앞에 섰다. 그 모습에 소년병은 놀라 소녀를 붙잡았다. 불안하게 그가 이유를 물었다. 소녀가 말했다. 그것은 당신이 나를 사랑하지 않기 때문이다. 소년병의 가슴은 찢어지는 듯했다. 그가 말했다. 그건 당신을 떠나보내지 않으려는 노력이었다. 지금은 이해할 수 없겠지만, 천천히 주어진 삶이 다할 때까지 당신과 함께하려는 것이었다.

소녀는 그의 말을 이해할 수 없었다. 변명처럼 느껴졌다. 하지만 믿고 싶었다. 아직은 어려서 이해하지 못해도 언젠가 충분한 시간이 지나면 알게 되는 무엇인가가 있을 것이라고 그렇게 믿고 싶은 것이었다.

나를 사랑하느냐. 소녀가 물었다. 소년병의 심장은 터질 듯 벅차올랐지만 답을 할 수도, 하지 않을 수도 없었다. 그는 소녀를 끌어안았다. 그의 품 안에서 그녀는 진정했고, 소년병은 종말을 예감했다.

그날의 밤은 서늘했다. 언덕은 여름의 끝자락에 닿아 있었다. 검푸른 하늘은 맑고 높았다. 열린 창문 틈으로 달빛이 새어 들어왔다. 소년병은 자신의 침대에 누워 하루의 일들을 생각했다. 그때 침실의 문이 천천히 열리고 소녀가 들어왔다. 달빛에 그녀의 잠옷이 하얗게 빛났다. 그녀는 침대로 올라와 그의 품으로 파고들었다. 소년병은 그녀를 감싸 안았다. 부드럽고 따뜻한 그녀의 체온이 느껴졌다. 소녀는 이야기를 해달라고 했고 소년병은 무슨 이야기를 해줄지 생각했다. 그리고 아주 오래전에 들었던 이야기를 들려주었다. 오래된 전설과, 아름다운 시와, 유년 시절의 추억에 대해 말해주었다. 그리고 바깥 세상에 대한 이야기도 들려주었다. 세계는 전쟁 중이고 그 끝으로 나아갔지만 그곳에서 발견한 것은 지금 내 품에 안긴 사람이었다고. 소녀는 살며시 잠드는 가운데 미소 지었다. 그리고 졸린 눈을 살포시 뜨고 그의 얼굴을 바라보았다. 소년병은 그녀의 맑은 눈을 마주했다. 세상은 깊이 잠들었고, 푸른 정적만이 내려앉은 시간. 창밖에서 살랑이며 불어오는 기분 좋은 바람과 멀리서 들려오는 풀벌레 소리에 귀 기울이며 두 사람은 서로의 눈빛에서 영원이나, 마음이나, 운명이나 그 어떤 말로도 표현할 수 없는 거대한 필연에 대해 생각했다.

그리고 소년병은 그녀의 입이 열리고 원래 그렇게 하기로 약속되었던 언어가 내뱉어지는 순간을 아주 명료한 정신으로 주시하였다. 사랑합니다. 그녀의 졸린 눈이 평온하게 감겼다.

소녀는 오랜만에 깊이 잠들었다. 무수히 많은 꿈을 꾸었고, 꿈 가운데 순수한 열망과 환희와 아쉬움과 미련을 경험했다. 그렇게 충분히 감정적 소모를 끝낸 후에 햇살에 반짝이는 침구 위에서 그녀는 살며시 눈을 떴다. 그녀는 한동안 그대로 누워 베게에 남아 있는 그의 냄새에 안도하며 지난밤의 꿈들을 기분 좋게 상기했다. 그녀가 오두막에 소년병이 없음을 알게 된 건 한참의 시간이 더 지나서였다.

하지만 걱정할 건 없다. 그녀의 겨울은 언젠가 끝날 것이고, 초원은 어김없이 들꽃이 점령할 것이며, 바람은 다시 따뜻해질 테니. 그리고 약속처럼 그들은 언젠가 만나게 될 것이다.

"가슴이 무너진 날, 그 사람에게로 가자. 그의 손을 잡고 이 밤을 보내는 거다. 바로 그 순간, 세계는 나를 중심으로 회전하고 일상의 하찮음은 주변부로 사라진다. 사랑하는 이를 품에 안는다는 것은 그래서 그렇게도 놀라운 일이다."

세계

"세상에는 끊임없이 새로운 존재가 태어나고 어쩔 수 없이 자기만의 시간을 고스란히 지내야만 한다. 오랜 시간 세상을 살아가며 얻게 된 소중한 경험과 이해는 오래 산 존재들과 함께 침묵 속으로 사라지고, 세상은 이 세상이 처음인 싱싱한 존재들이 장악한다. 그래서 아름다운 게 아니겠는가. 세상이 이렇게 치열하고 다채롭고 활력 넘치는 이유가."

여행할 시간 30년이 주어진다면

인생에 대하여

"갔다 와."

L에게 해준 말이다.

L은 군대 후임으로 지금은 종로의 조명 회사에서 일을 하고 있다. 한동안 못 봤다는 생각이 들어, 점심이나 같이 먹어야겠다는 마음에 그의 회사 앞으로 찾아갔던 터였다. 개업한 지 얼마 안 된 백반 집에 마주 앉아, 앞서 나온 밑반찬을 집어 먹으며 물어보았다.

"여기서 꽤 오래 일하지 않았나?"

"벌써 뭐, 한 5년? 5년 넘었을 거예요."

"다른 하고 싶은 게 있다며, 일하는 건 잘 맞아?"

L은 담담하게 말했다.

"한동안 이 생각, 저 생각 많이 해봤는데, 일단은 몇 년 더 다녀야겠어요."

이유는 명확했다. 아내 때문이었다. 그의 말에 따르면 리서치 회사에 취업한 아내는 평소에 업무 스트레스로 힘들어했다. 그런데 최근에는 정도가 심해져서 직장을 그만둔 것이다.

"그래도 한 사람은 안정돼 있어야죠."

"더 급한 사람부터 정리한 거구나."

"네, 그런 셈이죠."

아내를 걱정하는 그의 마음이 어른스럽다고 생각했다.

식당에서 나와 커피를 사들고 종로를 걸었다. 6월의 종로는 여름으로 접어들고 있었다. 우리는 짧은 소매의 직장인들 사이로 섞여들었다. L이 말했다.

"조금 쉬다 보니 아내도 생각이 많아지나 봐요. 재취업은 아직 마음에 없는 것 같고, 창업 얘기도 해요. 지금 아니면 힘들 것 같다고, 이왕 이렇게 된 거, 한 일이 년 세계 여행이나 갔다 오자고도 하네요."

"갔다 와."

L에게 내가 한 말이다.

"형님이 그렇게 말씀하실 줄 알았어요."

나는 더 넓은 세상을 봐야 한다며 젊은이들에게 세계로 나갈 것을 권유하는 어른들을 그다지 좋아하지 않는다. 그런 말은 떠났다가 돌아왔을 때에도 자기 기반이 남아 있는 다급하지 않은 사람들이나 할 수 있는 이야기라고 생각하기 때문이다. 이런 생각은 지금도 크게 다르지 않다. 여행이 끝난 후에도 생활을 이어가야만 하고, 일상으로 돌아와야만 하는 사람들에게 모든 것을 정리하고 떠나라는 말은 어쩌면 그들을 더 위축시키는 하나의 압박일 수 있다. 우리의 삶은 충동적으로 내던질 수 있을 만큼 그렇게 가볍지 않다.

그래서 궁금하다. 도대체 삶은 왜 이렇게 무거운 것인지. 이 무거운 삶을 어떻게 살아가야만 하는 것인지. 나는 이에 대한 해답을 고대 이집트의 유물에서 발견한 적이 있다. 물론 이것이 삶에 대한 궁극적인 정답이라고 일반화할 수는 없겠지만, 하나의 해석은 될 수 있겠다.

우선은 유적에 대한 이야기로 시작해야겠다. 보통은 이렇게 생각한다. 어렵게 발견한 고대 유물에는 뭔가 대단한 내용이 담겨 있을 것이라고. 물론 그런 것도 없지는 않겠지만, 사실 대부분의 유물들이 별 볼 일 없는 경우가 많다. 20세기에 발견된 고대 이집트의 도시 옥시린쿠스Oxyrhynchus의 유물들도 그런 경우다. 이 유적이 유명해진 이유는 이곳에서 예수 그리스도의 행적이 담긴 파피루스 문서가 발견되어서다. 하지만 이를 제외한 나머지 대량의 유물들은 외각 지역의 쓰레기장에서 발견되었다. 이 지역의 건조한 날씨는 쓰레기 더미를 거의 완벽하게 보존해주었고, 덕분에 사람들은 이곳에서 친숙한 것들을 발굴해낼 수 있었다. 연애편지, 초대장, 비용청구서, 임대계약서, 계산서, 영수증, 학생들의 연습장 같은.

생각해보면 당연한 일이다. 우리는 고대 사회를 몇몇 위대한 영웅들과 선지자를 중심으로 기억하지만, 당시를 살아가던 대다수는 그런 사람이 아니었을 것이다. 보통의 사람들은 그저 자신의 삶 안에서 최선을 다하고 마음을 쓰며 살아가고 있었을 것이다.

옥시린쿠스의 유물들 중에서 내가 가장 인상 깊게 본 것은 재산을 세세하게 정리한 메모였다. 정확한 내용은 기억에 남아 있지 않은데, 대략 이런 내용이었다. 밀 스무 포대, 보리 열 포대, 소 두 마리, 기름 그리고 빵. 흐릿하게 남은 파피루스의 기록을 보며, 자신의 재산을 소중히 기록하고 있는 2천 년 전의 이집트인을 생각했다. 그의 마음은 어땠을까. 이 정도면 됐다고 만족했을까, 아니면 아쉬움과 안타까움에 마음 졸였을까. 한 자씩 한 자씩 신중히 새겨나갔을 그의 거친 손을 생각했다.

그리고 이런 상상을 했다. 만약 타임머신이 발명된다면, 그래서 이 타임머신을 타고 고대 이집트로 가게 된다면 나는 그곳에서 무엇을 할 것인지를. 그곳에서 30년의 시간을 보내고 다시 이곳으로 돌아와야 하는 일정이라면 말이다. 당신은 어떠한가? 만약 그래야 한다면 당신은 30년의 시간 동안 거기서 무엇을 할 것인가? 열심히 노동하고, 재산을 모으고, 이를 기록하고, 만족하고, 아쉬워할 것인가?

그렇지는 않을 것이다. 당신은 아마도 여행을 떠날 것이다. 광활한 사막과 푸르른 하늘과 생명 같은 강줄기와 그것에 기대어 자리한 오래된 마을과 그 속에서 삶을 꾸려나가고 있는 수많은 사람을 만나면서. 경험을 쌓고, 추억을 만들고, 다시 돌아가게 되는 날 가져갈 자신만의 이야기를 준비하면서 말이다.

마찬가지 아닐까? 이곳에서의 여행도. 가끔 인생이 몇 년이나 남았을까를 가늠해본다. 30년, 혹은 40년 정도겠지. 그러면 생각해보게 된다. 남은 시간 동안 나는 무엇을 해야 하고, 돌아가는 날에는 어떤 이야기를 가져가야 할지를. 그래서 갔다 오라고 했다. 어느덧 어른스러워진 동생에게. 더 어른스러워지고, 더 현명해지고, 더 많은 노동의 결과물을 모으기 전에, 여행을 시작해보라고 말해준 것이다.

당신은 어떤가? 당신은 이곳에서 어떤 여행을 하고 있는가?

열심히 살아도 괜찮은가

노력에 대하여

자신의 모든 것을 한 가지에 쏟아부어야 할 때가 있다. 공무원 준비에, 토익 시험에, 전공 공부에, 새로 시작한 사업에, 먹고살기 위한 기술에, 종교적 믿음이나 정치적 신념까지. 다른 것에 눈 돌리지 않고 그것에 인생을 걸겠다고 다짐하게 될 때가 있다.

그때 우리는 이렇게 생각한다. 의심은 병이다. 의심은 나의 의지를 약하게 한다. 불필요한 고민을 중단하고, 한눈팔지 않고, 내 모든 것을 온전히 바치리라. 천성이 성실한 이들은 자신을 다독이며 묵묵히 최선을 다한다.

그럼에도 원하던 결과를 얻지 못했을 때, 이 성실한 사람들은 다른 것을 탓하지 않는다. 모든 것이 나의 책임이 아닌가. 실패한 이유는 오직 하나다. 진정으로 나의 모든 것을 여기에 쏟아붓지 못했기 때문에.

많은 사람이 말한다. 소수의 사람들이 있다고. 대다수의 평범한 사람들은 그러하지 못하지만 소수의 특별한 사람들은 자신이 목표로 삼은 일에 모든 것을 쏟아붓는다고. 하지만 사실은 그렇지 않다. 통념과는 반대로 흔한 것은 이들이다. 한 가지에 자신이 가진 모든 것을 거는 사람들. 세상에서 가장 쉬운 일이 한 가지 목표에 모든 것을 거는 행위다. 이들이 한 가지에 몰두하는 이유는 이들이 강인한 의지의 소유자여서가 아니라, 반대로 이들이 나약해서다. 현실에서의 경험이 부족하고 세계의 복잡함을 감당하기 어려울 때, 이들은 나의 시야에 들어오는 무언가 분명해 보이는 것을 선택하고 이것에 집중하겠다는 단순한 전략을 세운다.

그래서 이들은 필연적으로 실패한다. 한 가지 전략으로 대응하는 적처럼 우스워 보이는 것은 없다. 세상은 이들을 쉽게 쓰러뜨린다. 진짜 문제는 이들이 자신이 쓰러진 이유를 오해한다는 점이다. 이들은 재도전을 다짐하며 또 다시 이렇게 말한다. 예전의 나는 모든 것을 걸지 않았다.

한 가지에 모든 것을 거는 이가 실패하는 이유는 분명하다. 그것은 포기할 수 없게 되기 때문이다. 이들은 중간 어딘가에서 자신의 선택이 잘못되었다는 것을 알게 되어도 그것을 인정할 수가 없다. 그럴 수밖에 없는 것이, 만약 자신의 선택이 잘못이었다고 인정하면 지금까지 투자한 시간과 노력과 비용과 정성이 모두 헛수고가 되고 말기 때문이다. 그것은 나의 선택이 틀렸음을 인정하고 말고의 문제를 넘어선다. 그것은 고집의 문제가 아니라, 더 이상 재기할 수 없음의 문제가 된다.

그렇다면 어떻게 해야 할까? 실패라는 막다른 길에 봉착하지 않으려면, 중간 어딘가에서 자신의 선택이 틀렸음을 고백해야 하는 상황에 처하지 않으려면 어떻게 해야 하는 것일까? 가장 쉽게 생각해낼 수 있는 대답은 첫 단추를 잘 꿰어야 한다는 것이다. 실패하거나 중간에 포기하지 않을 만한 가장 확실한 분야를 처음부터 잘 골라내서 거기에 모든 것을 걸겠다는 생각.

그러나 단적으로 말해서 이 생각은 가능성이 없다. 명심해야 한다. 내가 첫 단추를 제대로 꿸 가능성은 전혀 없다. 객관적으로 말해 당신은 운이 좋은 사람이 아니다. 물론 그렇게 믿고 싶지 않다. 대신 이렇게 믿고 싶다. 나는 인생의 중간 어딘가에서 힘들기도 하고 어려운 상황에 처하기도 할 테지만, 인생 전체의 큰 틀에서 본다면 분명 운이 좋을 것이고 결과적으로 옳은 선택을 하게 될 것이라고.

엄밀히 말해서 그런 일은 없다. 세상의 수많은 사람 중에서 유독 당신만이 운이 좋을 리 없다. 착하게 살고, 매사에 최선을 다하고, 신실한 믿음을 가지면 당신이 옳은 선택을 할 수 있도록 초월적 존재의 개입이 있을 것이라고 생각하는가? 그럴 일은 없다.

가정과 학교의 보호 속에서 제대로 된 실패를 해보지 않은 사람일수록 자신에 대한 환상을 갖는다. 자신이 실패를 피해갈 수 있을 것이라는 환상. 하지만 세상은 당신과 그런 방식으로 관계 맺으려 하지 않는다. 세상은 자신이 운이 좋다고 생각하는 사람부터 다리를 걸어 넘어뜨린다.

그렇다면 어떻게 해야 하는가? 첫 단추를 잘 꿰는 것이 방법이 아니라면 말이다. 결국 인정하는 수밖에 없다. 당신이 제대로 된 선택으로 시작하지 못할 것임을. 따라서 다른 길과 다른 가능성을 마음에 품은 채 느슨하게 출발해야 한다. 당신은 반드시 목표점으로 향하는 중간 어딘가에서 이렇게 생각하게 될 것이다. 처음부터 잘못된 길을 선택했었구나. 이제 당신은 그곳에서부터 다시 선택해야 한다. 계속 걸어갈 것인가, 지금이라도 다른 길로 들어설 것인가. 만약 당신이 한눈팔지 않고 모든 것을 쏟아부으며 이곳까지 왔다면, 그래서 당신에게 남은 것이 없다면, 당신은 선택이 아니라 어쩔 수 없음에 계속 걸어가야 할 것이다. 반대로 당신이 자신을 아끼면서 이곳까지 왔다면, 최선을 다하지 않고, 모든 것을 쏟아붓지 않고, 주위를 둘러보고, 걸어오는 동안 발견한 풍경들을 감상하며 이곳에 도달했다면, 당신은 선택할 수 있을 것이다. 계속 걸을 것인가, 쉴 것인가, 다른 길로 들어설 것인가.

분명히 기억해야 한다. 길가를 둘러보며 여유 있게 걷는다는 것. 그것은 한눈을 파는 것이 아니라 제대로 가기 위해 신중히 걷는 것이다.

모든 것이 마찬가지다. 세상이 나에게 골라보라며 펼쳐주는 것들. 진로, 직업, 사업, 종교, 신념, 목표, 미래. 세상은 한 번도 당신에게 단 한 가지만을 골라 그것에만 매진하라고 요구한 적이 없다. 반면 당신에게 이렇게 말하는 사람들, '평생 먹고살 수 있는 하나의 전문직을 가져라', '평생 의지할 수 있는 하나의 종교를 가져라', '하나의 목표를 세우고 최선을 다하라', '언제나 노력하고 나태해지지 말라' 하고 말하는 이들을 경계해야 한다. 이들은 자신에게 그것밖에는 없는 빈곤하고 겁 많은 사람이기 때문이다.

당신은 수험생이 되기 위해, 취준생이 되기 위해, 노동자가 되기 위해, 기독교인이 되기 위해, 불교도가 되기 위해, 한국인이 되기 위해, 여자가 되고 남자가 되기 위해, 부모가 되고 자녀가 되기 위해, 이념의 수호자가 되기 위해, 관습과 윤리에 순종하기 위해 이곳에 온 것이 아니다.

당신 앞에 세상은 하나의 좁은 길이 아니라 들판처럼 열려 있고, 당신이 보아야 할 것은 보이지 않는 어딘가의 목표점이 아니라 지금 딛고 서 있는 그 들판이다. 발아래 풀꽃들과 주위의 나비들과 시원해진 바람과 낯선 풍경들.

이제 여행자의 눈으로 그것들을 볼 시간이다.

세상은
왜 새롭고
아름다운가

개에 대하여

개는 도대체 어떤 생각을 하는 건지 가늠하기 어렵다. 때로는 인간처럼 행동해서 대화도 가능할 것 같은 착각이 들게 하다가도, 도대체 왜 저러고 있는지 이해하기 어려운 행동을 하곤 한다. 개의 행동 중에 내가 가장 이상하다고 생각하는 것은 집 안에 있을 때와 집 밖에 있을 때의 차이다.

집 밖에서 마주친 개들은 짖지 않는다. 오히려 낯이라도 익혀두려는 듯 주인이 잡아끄는데도 친밀한 눈빛으로 다가온다. 하지만 대문을 기준으로 집 안에 있는 개들은 밖에 있는 사람들을 향해 짖어댄다. 그게 뭐가 이상하냐, 집을 지키려는 본능 때문이 아니겠느냐, 하고 반문할 사람이 있을지 모른다. 그렇다. 그건 이상하지 않다. 문제는 저기 짖고 있는 저 개가 나와 길에서 몇 번이나 마주친 안면이 있는 놈이란 게 문제다.

내가 민망할 정도로 대문 안에서 자지러지게 짖고 있는 개를 보면 밑도 끝도 없이 서운한 마음이 드는 게 사실이다. 혹시나 하는 생각에 대문 가까이 가서 야, 나야, 나, 나라고, 하고 얼굴을 보여주기라도 하면, 개는 이것을 일종의 도발이라고 느끼는지 방방 뛰고 제비돌기를 하며 생난리다.

특히 신경 쓰이는 녀석이 하나 있는데, 그 녀석은 내가 매일 저녁 산책을 하는 길에 산다. 나는 개의 품종을 구분할 줄 모르는데도 이 녀석은 딱 봐도 콜리다. 왜 그 개 있지 않은가? 갈색 털에 목과 배만 흰색인. 그런데 조금 작다. 작은 품종이 있는 건지 아니면 새끼인 건지는 모르겠는데, 나만 보면 난리다. 멀리서 내가 나타나기만을 기다리기라도 하는지 골목의 모퉁이를 돌아 내가 시야에 잡힐 만한 각이 나오면 기다렸다는 듯이 방방 뛰며 짖어댄다. 왈왈 하는 소리밖에 들리지 않지만, 그 소리에 담긴 뜻이 분명히 전달된다. '너, 그래, 너, 오늘 목청껏 짖어대기 위해 종일 너를 기다리고 있었다. 오늘도 감히 내 앞을 지나갈 수 있는지 보자.' 신경 쓰인다.

내가 개의 알 수 없는 심리에 대해 고민하게 된 계기는 이 녀석 때문이다. 한 번은 이런 일이 있었다. 또 짖어대겠구만, 하는 마음으로 골목의 모퉁이를 돌고 있었다. 그런데 골목을 돌자마자 예상보다 가까운 거리에서 이 녀석과 마주쳤다. 집 밖에 나와 있었던 것이다. 대문은 살짝 열려 있고, 이 녀석은 뭔가 신기한 것을 탐색하고 있는 듯 코를 길바닥에 대고 집중하고 있었다. 그때 이런 생각이 들었다. 드디어 만나게 되었다. 나를 알아보는 순간 산책길을 내내 따라오며 동네방네 난리를 피우겠지. 바로 그때 개가 고개를 들어 나를 봤다. 불안한 눈빛을 교환하고 온갖 걱정으로 머릿속이 복잡해지던 그 순간, 녀석은 아무 일 없다는 듯 다시 땅바닥의 냄새를 쫓는 것이었다. 그때 알았다. 밖에 있는 개는 짖지 않는다는 것을. 아니면 드디어 나를 친숙하게 느낀 것일지도 모른다. 하필이면 바로 이날, 이 녀석이 첫 탈출을 시도한 날 말이다.

그렇게 안심이 되자 곧 걱정이 들었다. 이렇게 집이라도 잃어버리면 어쩌나. 나는 천천히 개에게 다가갔다. 최대한 아무렇지 않게 보여야 한다. 참고로 말하면 나는 동물 바로 옆까지 다가갈 수 있는 비법을 하나 알고 있다. 이 비법은 토끼, 다람쥐, 닭, 소, 말, 양을 비롯한 대부분의 동물들에게 통한다. 나중에 사용해보면 유용할 것이다. 그것은 다른 곳을 보면서 직선거리를 피해 다가가는 것이다. 내 생각에 동물들은 사람의 시선을 신경 쓰는 것 같다. 자신을 보면서 다가오면 도망가지만, 다른 곳을 보면서 주변을 구경하는 듯 옆으로 다가가면 웬만한 거리에 접근할 때까지 도망가지 않는다.

나는 이 비법을 녀석에게도 사용하기로 했다. 다른 곳을 보는 것처럼 굴며 빙빙 돌아 다가갔다. 온몸으로 최대한 이런 메시지를 전달했다. 나는 너를 도발하려는 것은 아니고 그저 갈 길을 가고 있는 건데 다만 내가 가는 길에 아주 우연히 네가 있는 것이라서 그 근처로 가고 있는 것일 뿐이다. 그렇게 녀석의 바로 앞까지 갔다. 쪼그리고 앉아 손등을 보여주니 냄새를 맡는다. 아래 목부터 시작해서 머리를 쓰다듬으니 꼬리도 흔든다. 눈물이 날 것 같다. 드디어 나를 알아보는구나. 가자, 가자, 다독이며 대문 안으로 들여보낸 다음에 문을 닫았다. 그러자 갑자기 녀석의 태도가 돌변했다. 동네가 떠나가라 나를 보며 짖어대는 것이다. 서운하다. 너는 도대체 무슨 생각을 하는 거냐. 너에게 나는 무엇이냐.

그렇게 겨울이 되었다. 겨우내 녀석은 보이지 않았다. 눈 쌓인 골목을 조심조심 돌아 대문 안을 들여다봐도 녀석의 빈 집만이 보일 뿐이었다. 아마도 추워서 집 안으로 데려갔나보다 하고 생각했다. 녀석이 다시 나타난 건 봄이 지나서였다. 앗, 깜짝이야, 하고 오랜만에 녀석과 눈빛을 교환한 어느 날, 녀석은 짖지 않았다. 내가 대문 앞을 지나칠 때, 나를 주시하며 고개가 따라왔지만 짖지 않고 그 상태로 엎

드려 있었다. 새끼가 있었다. 눈도 못 뜬 새끼 한 마리가 그 옆에 있었다. 겨울을 보내며 새끼를 낳은 것이다. 새끼에게 젖을 물리는 그녀의 눈빛은 무엇인가를 이해한 듯했다. 세상에 대해, 원래 세상이란 반복되는 것이고, 이러한 반복 속에 눈부신 만남을 경험하게 된다는 것에 대해. 나는 그녀가 그렇게 느끼고 있음을 알 수 있었다.

나의 산책은 평화로워졌다. 골목을 돌아 당당히 걸어가도 세상은 조용했다. 언제부턴가 나는 대문을 주시하지도 않았다. 생각에 빠져 걷는 날이면, 그 앞을 지나쳤는지도 모르게 산책을 마쳤다. 그렇게 얼마나 평화로운 시간이 이어졌을까. 그날도 생각에 골몰한 채 걷고 있었다. 그런데 골목을 돌자마자 자지러지게 짖는 소리가 들렸다. 그 대문이다. 그대로 지나치며 대문 틈으로 안을 보았다. 그곳에는 딱 봐도 새끼 콜리로 보이는 녀석이 나를 보며 난리를 피우고 있었다. 그리고 저만치 그녀도 나를 보고 있었다.

원래 그런 거다. 나도 그녀도 그렇게 느꼈을 거라 믿는다. 원래 그런 거다. 세상에는 끊임없이 새로운 존재가 태어나고 어쩔 수 없이 자기만의 시간을 고스란히 지내야만 한다. 그것은 가르쳐준다고, 알려준다고 어찌 할 수 있는 것이 아니다. 오랜 시간 세상을 살아가며 얻게 된 소중한 경험과 이해는 오래 산 존재들과 함께 침묵 속으로 사라지고, 세상은 이 세상이 처음인 싱싱한 존재들이 장악한다.

그래서 아름다운 게 아니겠는가. 세상이 이렇게 치열하고 다채롭고 활력 넘치는 이유가. 그래서 세상은 여행할 만한 것이 아니겠는가. 동네를 가득 채우는 녀석의 소리를 뒤로 하고 나는 산책을 이어갔다.

왜
나는 나에게
집착하는가

던져진 세계에 대하여

이 세계가 처음인 존재들은 그렇게 끊임없이 세계에 도착했다. 그들은 눈뜰 수 있는 모든 곳에서 제각기 눈을 떴다. 물고기 안에서 눈뜬 존재는 물고기처럼 느끼기 시작했고 결국 물고기처럼 행동하게 되었다. 풀벌레 안에서 눈뜬 존재는 풀벌레처럼 느끼기 시작했고 결국 풀벌레처럼 행동하게 되었다. 짐승 안에서 눈뜬 존재는 짐승처럼, 조류 안에서 눈뜬 존재는 조류처럼, 그리고 인간 안에서 눈뜬 존재는 인간처럼 느끼고 그렇게 행동하게 되었다.

같은 종 안에서도 어떤 존재는 강인한 개체 안에서 눈떴고, 다른 존재는 왜소한 개체 안에서 눈떴다. 새벽을 좋아하는 개체 안에서는 새벽을 좋아하게 되었고, 저녁을 선호하는 개체 안에서는 저녁을 선호하게 되었다. 호기심으로 가득한 개체, 두려움이 많은 개체, 영리하거나 어리석은 개체 안에서도 꼭 그렇게 되었다.

중요한 것은 모든 새로운 존재가 각자 나름대로의 시간과 장소에서 눈뜬 것과는 무관하게, 결국에는 모두 자기가 눈뜬 신체를 자기 자신과 동일시하고 그것을 아끼고 애지중지하게 되었다는 것이다.

그 여학생이 하루에도 몇 번씩 거울을 들여다본 것도 그것 때문이었다. 그 청년이 아침과 저녁으로 한 번도 빠짐없이 뜀박질을 했던 것도 그것 때문이었다. 중년의 가장이 드디어 장만한 아파트에 그렇게나 집착했던 것도, 노년의 나이에 주름진 살가죽과 검버섯에 깊은 한숨을 내쉬었던 것도 그것 때문이었다.

우리가 세계에 던져졌다고 할 때, 그 세계는 지구가 아니라 바로 나 자신이다. 우리는 나 자신에게 던져졌다. 당신은 당신에게, 나는 나에게. 그래서 그것은 신비한 일이다. 왜 나는 당신이 아니라 나에게 던져졌고, 당신은 내가 아니라 당신에게 던져졌는가? 거기에는 우리가 알지 못하는 어떤 뜻과 이유가 있는 것일까?

그것은 의문으로 시작해서 의문으로 남을 것이고, 질문으로 시작해서 체념으로 끝날 것이다. 종교를 믿는 사람 안에 던져진 이는 이 이해할 수 없는 상황을 설명하기 위해 삶 이면에 있는 거대한 서사구조를 상상할 것이다. 과학을 신뢰하는 사람 안에 던져진 이는 이 이해할 수 없는 상황을 설명하지 못해 다만 우연이라 말하고 깊게 침묵할 것이다. 이런 이야기는 답도 나오지 않는 부질없는 이야기라고 생각하는 사람 안에 던져진 이는 그것 그대로 생각할 것이고, 불가지론자에 던져진 이도 그것 그대로 생각할 것이며, 회의주의자에 던져진 이도, 합리주의자에 던져진 이도, 실용주의자에 던져진 이도 그 안에서 꼭 그렇게 생각할 것이다.

우리가 나라는 세계에 던져졌다는 것. 그래서 그것은 너무나 극복하기 어려운 한계가 된다. 나의 생각, 나의 사유, 나의 논리, 나의 합리성, 나의 믿음. 그 모든 것이 진정으로 내가 노력으로 얻은 것이고 순수하게 나의 것인지, 아니면 내가 던져진 나에게 속하는 속성 때문인지 우리는 판단할 수 없다. 인간으로 태어났다는 한계, 한국인으로 태어났다는 한계, 특정 종교를 믿는 문화권에 속해 있고, 과학이 진리의 왕좌를 차지한 시대에 살고 있고, 빠른 성장과 민주화를 획득한 사회에 살고 있고, 하필이면 나의 가족 안에서, 하필이면 이런 성별로, 이런 신체적, 정신적, 심리적 특성 안에 던져졌다는 과도한 우연성. 그래서 그것은 비극이 된다. 나는 어디까지가 나이고, 어디까지가 던져져 얻은 나인지 구분할 수가 없다.

도대체 무엇이 비극인가? 어쨌든 우리는 지금도 잘 살고 있지 않은가? 자기가 눈뜬 신체와 자기 자신을 동일시한다고 해서, 그것을 아끼고 애지중지한다고 해서 문제가 될 것은 없지 않은가? 도대체 뭐가 그리 문제란 말인가?

집착 때문이다. 나의 신체와 내가 가진 것에 마음이 쏠려 한시도 잊지 못하고 매달리기 때문이다. 나의 몸과 나에게 연결된 것들은 너무나 소중하고 유일한 것이라서 그것이 어찌 될까 봐 조마조마해 하고, 움켜쥐려 하고, 끝내 감싸 안으려 하기 때문이다.

그래서 고통이 된다. 살아간다는 것이 생각보다 버거운 이유, 내 삶이라는 게 남의 삶보다 더 고된 이유, 내가 손에 쥔 것이란 남이 가진 것처럼 쉽게 얻을 수 있는 것이 아니었던 이유, 나의 삶은 이상하게 번잡하고 고통스러웠던 모든 이유는 그래서였던 것이다.

하지만 우리의 부단한 애씀과는 무관하게, 움켜쥐고 멈춰 세우려는 노력과는 무관하게, 이유도 모른 채 받은 선물은 이유도 모른 채 돌려줘야 할 것이다.

충분히 시간이 흐른 어느 날, 이 세계가 익숙해진 존재들은 그렇게 끊임없이 세계를 떠날 것이기 때문이다. 그들은 눈떴던 모든 곳에서 제각기 눈을 감을 것이다. 물고기 안에서 눈떴던 존재는 물고기 안에서 눈감을 것이고, 풀벌레 안에서 눈떴던 존재는 풀벌레 안에서 눈감을 것이다. 짐승 안에서 눈떴던 존재도, 조류 안에서 눈떴던 존재도,

그리고 인간 안에서 눈떴던 당신과 나 역시 이제야 간신히 익숙해진 세계를 그렇게 떠나게 될 것이다.

중요한 것은 그때가 되면, 이 세계에서 첫발을 떼는 바로 그 순간이 되면, 그때서야 우리가 알게 될지도 모른다는 것이다. 마음 쓰던 영화가 끝나듯, 감정을 소모하며 읽었던 소설의 마지막 장이 넘어가듯, 그렇게도 아끼고 애지중지한 나라는 존재도 사실은 하나의 배역이었고, 소설의 등장인물이었고, 내가 반복해서 선택해왔던 수많은 가능성 중 하나일 뿐이라는 사실을.

부재를 사는 사람
존재를 사는 사람

시간에 대하여

시간은 신비하다. 시간이 무엇이냐고 물을 때, 우리가 대답할 수 있는 것은 많지 않다. 다만 물질세계에서 체험하는 시간은 단일한 방향성으로 드러난다. 쉽게 말해서 우리는 어쩐지 시간에 방향이 있다고 생각하는 것이다. 그 방향은 언제나 과거로부터 시작하여 현재를 거쳐 미래로 나아간다. 그 역은 성립하지 않는다. 시간의 특성은 원인과 결과의 관계로도 동일하게 표현할 수 있다. 현재의 시간은 언제나 과거의 결과이고 동시에 미래의 원인이 된다. 이러한 시간의 방향성, 인과성, 선후관계는 상식적이다.

* 세계의 시간

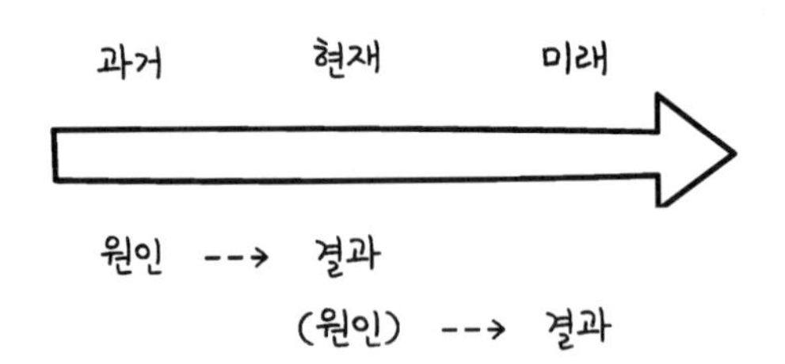

하지만 상식적인 시간관은 '나'에게는 적용되지 않는다. 나 이외의 모든 것, 즉 사물, 동물, 타인은 원인과 결과라는 시간의 법칙에 얽매여 있지만, 나 자신에게는 그렇지 않은 것이다. 나의 시간은 중첩되고 역행하며 드러난다. 실제로 그렇지 않은가? 나에게는 미래가 현재의 원인이기도 하고 과거가 현재의 결과이기도 하다.

* 자아의 시간

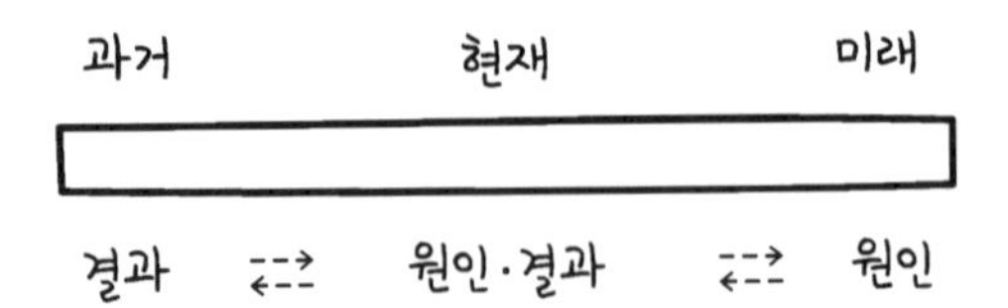

예를 들어보자. 여기 미래의 성공을 위해 오늘을 희생하는 사람이 있다. 이 사람의 내면에서 원인이 되는 시간은 무엇인가? 그것은 미래

다. 미래에 사로잡힌 사람에게 현재는 미래의 결과물이 되는 것이다.

사무엘 베케트의 《고도를 기다리며》는 인간의 이러한 시간성을 정확히 드러낸다. 50년 동안 고도를 기다리며 살아가는 두 부랑자 블라디미르와 에스트라공에게 현재는 미래의 원인이 되지 않는다. 그들은 미래를 당겨와 현재를 살아간다.

블라디미르 : 우린 여기서 할 수 있는 게 없어.

에스트라공 : 어딜 가도 마찬가지겠지.

블라디미르 : 그런 소리 말게. 내일이면 다 잘될 거니까.

에스트라공 : 잘된다고? 왜?

블라디미르 : 자네 꼬마가 하는 얘기 못 들었나?

에스트라공 : 못 들었네.

블라디미르 : 꼬마가 말하길 고도가 내일 온다는군. 그게 무슨 뜻이겠나?

에스트라공 : 여기서 기다려야 한다는 뜻이지.

말하고자 하는 것은 이것이다. 자아의 내면세계에서 시간은 우리의 상식처럼 하나의 방향으로 흘러가지 않는다. 다시 말해서 겉으로 드러나진 않지만 사람은 자기만의 시간 방식대로 살아가는 것이다. 어떤 이는 현재에 살지만 다른 이는 과거에 살고, 또 다른 이는 미래에 산다.

나는 과거에 사는 사람들을 만난다. 그들은 두 종류다. 어떤 사람들은 후회 속을 살아가고, 다른 사람들은 그리움 속을 살아간다. 그의 과거는 강력하게 현재와 미래를 잠식하고, 결과적으로 그의 인생 전체는 하나의 과거가 된다.

나는 미래에 사는 사람들도 만난다. 그들 역시 두 종류다. 어떤 사람들은 희망 속을 살아가고, 다른 사람들은 불안 속을 살아간다. 그의 미래는 강력하게 그의 현재와 과거를 잠식하고, 결과적으로 그의 인생 전체는 하나의 미래가 된다.

당신은 어떤 사람인가? 당신은 어떤 시간을 살고 있는가?

한 발 더 나아가보자. 모든 자아는 살아가는 시간이 다를 뿐만이 아니라, 시간의 범위와 길이에서도 차이를 갖는다. 쉽게 말하면 미래를 살아가는 사람이라고 하더라도 정도의 차이가 있는 것이다. 어떤 이는 가까운 미래를 현재로 당겨와 살아가고, 다른 이는 아주 먼 미래를 현재로 당겨와 살아간다.

예를 들어, 오랜 기간 취업을 준비해온 취준생에게는 가까운 미래의 취업이 현재의 원인이 된다. 그의 현재는 가까운 미래를 위한 준비로 결정되는 것이다. 반면에 조금 더 먼 미래를 살아가는 사람도 있다. 퇴직 후의 불안이 현재를 급습하는 사람이라면, 그의 퇴직이 아직 먼 일이라 하더라도 그의 현재는 먼 미래를 위한 준비로 결정된다.

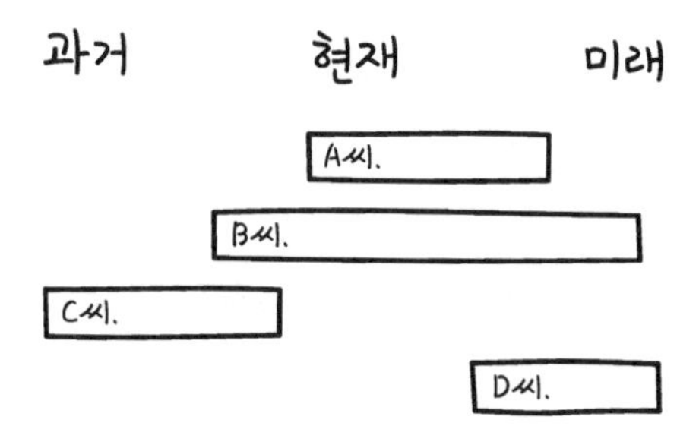

타인이 어느 정도의 시간의 범위에서 살아가는지 확인할 방법은 없다. 내면의 시간은 오직 자기 자신에게만 드러나기 때문이다. 하지만 분명한 것은 동일하지 않다는 것이다. 어떤 이는 가까운 미래를 살고, 다른 이는 가까운 과거를 살며, 또 다른 이들은 먼 미래나 먼 과거에 산다.

내가 이 이야기를 하는 것은 독특한 시간을 살아가는 사람들 때문이다. 이런 사람이 있다. 극단적으로 먼 미래나 먼 과거를 살아가는 사람들. 죽음 이후나 탄생 이전을 살아가는 사람들이 있는 것이다. 그들은 '부재不在'를 살아간다.

그들은 존재하지 않음, 사라짐, 무無, 이곳이 아님, 피안彼岸, 초월을 현재로 당겨와 살아간다. 하지만 그 삶이 가능할 리 없다. 부재가 삶의 원인이 될 수는 없는 것이다. 그래서 그것은 차라리 삶을 지워낸다. 극단적인 미래를 사는 사람들에게 삶은 없다.

이런 사람들. 현실에 발붙이지 못하는 사람들을 우리는 평가하고 싶다. 당신은 어떻게 생각하는가? 이러한 사람들은 긍정적인가, 부정적인가? 어떤 사람들은 타당한 근거로 이들을 긍정한다. 그 근거는 다음과 같다. 부재를 살아가는 사람들은 자신의 소멸을 인지하기 때문에 현실에 집착하지 않고 욕심을 내지도 않는다. 이들은 철학적인 사람이 되거나 종교적인 사람이 된다. 그래서 그들은 타인에게 피해를 주지 않는다.

반면 다른 사람들은 타당한 근거로 이들을 부정한다. 그 근거는 다음과 같다. 부재를 살아가는 사람들은 자신의 소멸에 집중하기 때문에 주어진 현실에 충실하지 못하고 종교나 사후세계, 형이상학적인 무언가에 집착한다. 이들은 허황된 것들을 좇다가 정작 중요한 현실을 망가뜨린다.

하지만 분명한 것은 그 어떤 타당한 이유를 대고 반대편의 입장을 비판한다고 해서 실제로 그러한지가 결정되는 것은 아니라는 점이다. 그것은 어쩔 수 없이 타인의 삶이고, 타인의 내면에서 평가될 일이다.

내가 이들에게 관심을 기울이는 이유는, 분명히 알아서다. 내가 그런 종류의 사람이라는 것을. 나는 미래의 죽음을 끌어와 현재를 살아간다. 현재의 삶에서 나를 가장 강력하게 잠식하고 있는 질문들은 이런 것이다. 죽음이란 무엇인가? 죽음 이후에는 무엇이 남는가? 죽음

이후에 아무것도 없다는 과학의 주장은 합리적인가? 죽음 이후의 문제는 알 수 없다며 불가지론적인 태도를 유지하는 것은 괜찮은 태도인가? 혹은 죽음 이후에 신의 심판이 기다리고 있을 것이라 믿는 태도는 문제가 없는가?

그리고 생각한다. 그 어떤 질문에도 의심의 여지가 없는 정확한 답을 내릴 수는 없음을. 그러나 한 가지는 확신한다. '부재를 살아가는 사람의 삶'과 '존재를 살아가는 사람의 삶'이 같을 수는 없음을.

부재에 대한 사유는 현재의 나를 무기력하게 잠식하는 동시에, 나로 하여금 무엇인가를 갈구하게 하는 유일한 동력이 된다.

다음의 이야기는 이런 사람들, 없는 것과 관계 맺으려는 사람들에 대한 이야기다.

현실에서 부유하는 사람들

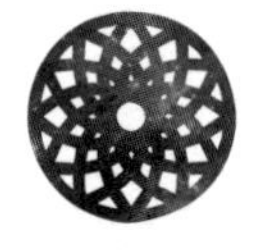

나의 이야기 1

아버지는 훌륭한 사람이 아니었다. 술에 취해 들어온 날이면 밤을 새워 행패를 부렸다. 부서진 집기류와 울음소리와 지루하게 이어지는 불안 속에서 어린 나는 아버지의 죽음을 상상했다.

그것이 작은 원인이라도 되었던 것일까. 그의 죽음은 불현듯 찾아왔다. 아버지로부터 도망쳐 나온 지 서너 해가 지난 어느 날 아침. 내가 아침밥을 먹는 동안 어머니는 누군가와 통화를 했고, 전화를 끊고는 내 앞에 와서 앉았다. 네 아빠 죽었댄다. 나는 아무 말도 하지 않고 남은 밥을 마저 먹고 집을 나섰다. 학교로 가는 버스 안에서 나는 정확히는 표현할 수 없지만 삶에 주어진 의무 하나가 마무리되는 기분을 느꼈다.

중이 됐어야 했다. 어머니는 종종 아버지에 대해 그렇게 말했다. 그 말에는 근거가 있었다. 내가 어릴 적 듣기로, 시주를 받으러 오신 스님 한 분이 아버지를 보고는 여기서 이러고 있을 사람이 아니라고 했다고 한다. 정말로 무언가를 꿰뚫어 보신 걸까. 실제로 아버지는 단 한 번도 현실에 적응하지 못했다. 억지로 숨이 붙어 있는 사람처럼 언제나 술을 마셨고, 무엇이 그리도 억울한지 늘 괴로워했다.

기억을 더듬어보면 아버지는 항상 떠날 거라는 말을 입에 붙이고 살았다. 그러면 어머니는 떠나지도 못하면서 저러는 거라며 진저리를 쳤다. 어린 나는 다만 그 말이 실현되기를, 이 불안이 끝나기만을 내심 바랐다. 정상적이지 못한 아버지는 나에게 그저 무서운 존재일 뿐이었다.

도대체 어떤 마음이었던 것일까. 이제 당시의 아버지의 나이가 되어서야 비로소 나는 그의 마음이 어떠했을지를 상상해보곤 한다. 어떤 마음이었을까. 작은 가정을 이루었던 그 젊은이는 무엇이 그렇게도 불안했던 것일까. 왜 그렇게 현실에 안착하지 못하고 도망치려 했을까.

책을 쓰고 강연을 하고 많은 이로부터 관심을 받기 시작했을 무렵, 인터뷰를 한 적이 있다. 앞으로 계획하고 있는 것이 무엇이냐는 질문을 받았고, 나는 가까운 시일에 티벳에 갈 예정이라고 답했다. 이유를 묻는 질문에 이렇게 대답했다. 나는 언제나 보편의 삶에 관심이 많았다. 만약 인류의 탄생부터 지금에 이르기까지 보편의 삶이 존재한다면 그것은 티벳인들의 모습일 것이라고 생각해왔다. 그래서 그들의 삶이 보고 싶다.

인터뷰를 마치고 생각했다. 그것이 진짜 이유인가. 왜냐하면 티벳에 가겠다는 생각은 나에게는 너무나도 오래된 의무감으로 다가오기 때문이다. 왜 그런 생각을 시작하게 되었는지 그 처음은 기억나지 않는다. 다만 나는 무의식적으로 이 말을 너무도 많이 반복해왔다. 내가 그렇게 하고 있다는 것을 스스로 알게 된 건, 오랜 시간을 함께했던 사람으로부터 티벳 여행에 관한 책을 받았을 때였다. 그동안 그녀를 얼마나 불안하게 만들어왔던 것인가. 나는 미안해졌다.

장례식이 진행되는 동안 특별히 마음의 동요는 없었다. 그건 어머니와 누나도 마찬가지였을 것이다. 가야 할 사람이 간 것뿐이다. 조문객을 받고 음식을 내오는 동안 마음은 차라리 평온하기까지 했다. 평온이 깨어진 건 염습을 시작하면서였다. 시체를 씻기고 의복을 입히기 위하여 염습실로 들어갔다. 그리고 우리는 마침내 울음을 터뜨렸다. 몇 년 만에 보는 아버지였다. 옷이 벗겨져 창백한 살을 드러낸 채

침상 위에 뉘인 아버지는 못 본 사이에 수척해 있었다. 건네받은 수건으로 몸을 닦으며 나는 그의 얼굴을 보았다. 꼭 감은 눈과 창백한 입술. 인상적이었던 건 아랫입술에 깊게 새겨진 이빨자국이었다. 아버지는 췌장암이었다. 마지막에 이르러 고통이 심해지는 것을 그 특유의 고집으로 버텼던 것이다. 깊은 고통은 고스란히 아랫입술에 흔적으로 남았다. 무엇이 그리도 억울하고 괴로우셨나요. 그렇게도 떠나고 싶다더니, 아버지는 스스로의 말을 실천으로 옮겼다.

나는 어릴 적, 커서 결혼하지 않으리라 다짐했었다. 그것은 어머니의 말 때문이었다. 새끼는 지 애비를 그대로 닮는다는. 손찌검을 보고 자란 아이는 커서 손찌검을 한다는 어머니의 말에 나는 불안했다. 그리고 어른이 되어서야 알게 되었다. 내가 누군가에게 손찌검을 할 만한 사람이 아니라는 것을. 하지만 어머니의 말이 완전히 틀린 것도 아니었다. 새끼는 지 애비를 그대로 닮는다. 나는 나를 걱정해주는 사람들 앞에서 떠날 것이라 떠들고 다닌다. 언젠가 티벳에 가겠다고. 그것을 뭐라고 설명할 수는 없지만 나에게 주어진 의무 같다며, 그들에게 내 안의 불안을 옮겨 붙인다.

문제는 내가 그것을 진짜로 의무라고 느낀다는 점이다. 지금의 삶 이전에 주어진 업보 때문인지, 아버지의 영향 때문인지, 아니면 단지 나의 나약함 때문인지. 삶이 끝나는 순간까지도 그 원인을 알 수는 없을 것이다. 하지만 어쩔 수 없는 일인지도 모른다. 원래 여행이란 본 적도 없는 세계의 부름에 응답하는 것이고, 아는 길이 아니라 감춰진 길로 들어서는 것일 테니.

현실의 순례자들

나의 이야기 2

티벳이 하나의 그리움으로 마음속에 뿌리내린 계기는 오체투지五體投地 때문이었다. 고등학생 시절, 왜 그것을 읽고 있었는지 기억나지 않지만, 나는 잡지의 뒷부분에 실린 흑백 사진에 마음을 빼앗기고 있었다. 그 사진 속에는 광활한 티벳의 고원과 이를 배경으로 땅바닥에 엎드리거나 일어선 몇몇 사람들의 모습이 담겨 있었다. 그들의 행색은 너무나 초라하고 지쳐 보였다. 하지만 흐릿한 모습이나마 나는 그들의 표정에서 내가 그때까지 한 번도 느껴보지 못한 무엇인가를 읽어낼 수 있었다. 지금에서야 그것을 '숭고'나 '심원' 혹은 '이해' 등의 단어로 묘사할 수 있으나, 당시의 나는 그것을 단어로 표현할 방법이 없었다. 그렇게 그 복잡한 심정은 단어로 재단되지 않은 채 내 작은 마음 어딘가에 뿌리를 내렸다.

뿌리는 이내 줄기를 밀어올리고 잎을 내고 그늘을 드리웠다. 오체투지에 대한 생각은 내 마음을 채워갔다. 오체투지란 불교의 예법으로, 신체의 다섯 부분인 두 팔꿈치와 두 무릎 그리고 이마가 땅에 닿도록 절을 하는 행위다. 오체투지의 의미는 단순히 기복을 위해 초월적 신에게 바치는 고행을 넘어선다. 그것은 자신을 한없이 낮춤으로써, 교만을 버리고 자아를 내려놓고자 함을 뜻한다.

티벳인들에게 오체투지는 중요한 의식이었다. 그들은 적어도 일생에 한 번 수도 라싸까지의 오체투지 순례를 계획하고 실행해왔다. 세 걸음마다 한 번씩 오체투지를 하면서 수백 킬로미터의 목숨을 건 여정을 감내하는 것이다.

합리적이고 지혜로운 사람들은 이렇게 말할지 모른다. '얼마나 어리석은가. 얼마나 불쌍한가. 이것은 종교가 어떻게 개인의 신체를 통제하는지를 보여주는 명백한 증거이고, 왜 종교가 인류의 아편이며, 그렇기에 왜 근현대 교육이 필요한지를 말해주는 충분한 근거가 된다'라고. 맞는 말이다. 폭력적인 종교의 그림자로부터 벗어나 인간의 자유를 획득한 것이 근현대 역사의 가장 큰 성과임은 분명한 사실이니까.

하지만 우리는 자신 있게 말할 수 있을까? 저 광활한 히말라야의 설원 위를 오체투지로 건너고 있는 티벳인들을 향해 너희는 종교 때문에 괜한 고생을 하고 있다고 쉽게 평가할 수 있을까? 그럴 수는 없다. 그들을 보라. 너덜너덜해진 신발 밑창과 흙먼지에 더럽혀진 머리카락과 새카맣게 그을린 얼굴과 가늠할 수 없는 깊은 눈동자를. 나는 그들의 모습을 통해 인간 내면의 광활함을 믿게 되었다. 가난하고 초라한 행색 어디서도 찾을 수 없는 그 무언가의 광활함이 물리적인 한계 너머 저 신체 안쪽 어딘가에 우주처럼 펼쳐져 있다는 진실을, 나는 믿게 되었다.

물질은 물론 중요하다. 근현대가 만들어놓은 기술과 과학의 눈부신 성과, 자본주의가 이룩한 거대한 풍요. 그것은 우리를 압도한다. 눈에 보이는 것과 만질 수 있는 것만으로도 학문의 체계를 세울 수 있고, 인류의 미래를 계획하기에 충분하다.

하지만 그것만이 전부가 아님을 당신은 안다. 물질적 풍요만으로 당신을 설명할 수 없음을, 당신의 깊은 내면은 이미 알고 있다.

군장을 메고 사십 킬로미터의 야간 행군을 할 때면 나는 오체투지를 생각하곤 했다. 먼 길을 간다는 것 외에는 무엇 하나도 닮지 않았지만, 보이는 것이라고는 앞에 선 전우의 발뒤꿈치뿐이었지만, 그 지독하게 어둡고 피로한 시간이면 나는 순례의 길을 떠나는 한 명의 티벳인을 상상했다.

그는 무엇을 보았을까. 무거운 발걸음을 반사적으로 옮기며 나는 잠시 눈을 감아본다. 바람소리, 멀리 히말라야와 끝없이 펼쳐진 설원, 성스러운 산 카일라스 그리고 바람에 펴덕이는 타르초. 그 깊고 장엄한 고독 속에서 그는 무엇을 보았을까.

눈을 감고 걷다 보면 조금은 알 것만 같다. 그가 본 것이 외부세계의 경치와 대자연이 아니었음을. 그가 본 것은 자신의 내면이었으리라. 육체의 한계와 인간적인 고통 속에서 한 걸음을 간신히 내딛는 사람에게 외부의 세계는 빛을 잃고, 내면의 빛은 밝아오는 법이니까. 그래서 그는 눈이 없어도 볼 것이고, 길이 없어도 걸을 것이다. 우주는 그의 내면에서 열린다.

그때의 작은 이해 때문이었을까. 군을 전역하고 사회생활을 하는 동안 나는 도시 속의 순례자들을 심심치 않게 발견하게 되었다. 회사 안에서, 상점에서, 거리에서, 지하철에서. 겉보기에는 특별할 것 없는 평범한 모습이지만 자신의 삶을 순례하고 있는 사람들을 알아보게 되었다. 현실과 일상의 고통을 인내하며 자기 안에 숨겨진 내면의 빛을 키워나가는 사람들. 그들이 현실을 걷는 건 한 발 한 발이 오체투지의 눈부신 절정이었다.

그렇기에 모든 이가 티벳으로 갈 필요는 없다. 모든 이가 히말라야의 설원에 엎드릴 필요는 없다. 우리는 지금도 자신만의 티벳을 순례하고 있으니까.

삶을
움켜쥐고 싶을 때
만다라를 생각한다

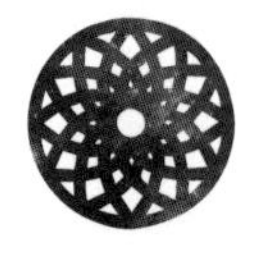

나의 이야기3

티벳 승려들은 고운 색모래로 만다라를 그린다. 원과 사각형의 기하학적 반복으로 채워지는 만다라曼荼羅는 산스크리트어 'man̦dala'를 한자로 음역한 것이다. 밀교에서 발달한 불교 미술의 하나로 우리에게 잘 알려져 있지만, 사실은 미적인 측면보다는 담고 있는 내용과 제작 과정이 중요하다.

우선 만다라가 담고 있는 내용은 우주의 진리와 깨달음의 경지다. 보편적 진리의 심오함을 기하학적 상징으로 표현한 것이다. 다음으로 제작 과정은 그 자체로 하나의 수행이 된다. 짧게는 며칠에서 길게는 몇 달이나 몇 년이 걸리기도 하는데, 작은 금속의 관에 모래를 담고 이를 진동시켜 흘려보내는 방식으로 바닥에 그려진다. 허리를 잔뜩 구부리고 땅바닥에 얼굴을 가까이한 채 정성을 다해 만다라를 그려가는 승려들의 진지함은 우리를 숙연하게 한다.

집안 사정의 어려움을 밝혀야만 하는 자리면 어머니는 항상 수식어를 붙였다. "애 아빠 사업이 망해서…." 고등학교 육성회비를 내지 못해 담임선생님을 찾아갔을 때도, 대학 학자금 융자를 받기 위해 은행 창구 앞에 앉았을 때도 어머니는 이 말을 했다. 어쩌면 그것은 어머니의 자존심을 보호하는 마지막 변명이었는지 모른다. '우리가 항상 못 살았던 것은 아니다. 다만 일을 크게 벌이다가 지금 잠시 어려워졌을 뿐이다.' 이 말이 어머니가 '애 아빠 사업이 망해서' 안에 담고 싶었던 진짜 변명이었을 것이다. 물론 듣는 사람은 아무도 신경 쓰지 않았겠지만.

아버지가 사업에 실패한 것은 사실이었다. 내가 너무 어릴 적이라 직접 본 것은 아니고, 어머니의 말에 의하면 그렇다. 어머니는 아버지가 불쌍한 사람이라고 했다. 새어머니 밑에서 구박을 받으며 자란 아버지는 고집스럽지만 똑똑한 청년으로 성장했다. 좋은 대학에 합격했으나 등록금이 없어서 포기하고 아무렇지 않은 듯 회사에 취업했다. 그런 아버지를 도와준 사람은 그전까지 연락 한 번 없었던 형이었다. 형은 친어머니에게서, 아버지는 새어머니에게서 키워졌던 것이다. 형의 도움으로 아버지는 대학생이 되었다.

대학을 졸업한 아버지는 제약회사에 취업했고, 어머니를 만나 아이 둘을 가진 안정적인 가정의 가장이 되었다. 그러던 어느 날 형이 다시 찾아왔다. 그리고 사업을 제안했다. 어머니는 당시의 아버지가 제안을 거절하기 어려웠을 것이라고 말하곤 했다. 공부시켜준 형이니까. 아버지는 직장을 그만두고 그때까지 모아둔 돈과 빚을 내어 파이프 공장을 차렸다. 하지만 결과는 좋지 않았다. 어머니는 이에 대해 이렇게 평가하곤 했다. 공무원이나 해야 할 사람이 괜히 맞지도 않는 사업을 벌였다가 망한 거다. 결과적으로 큰 빚을 진 아버지는 아내와 어린 두 아이를 데리고 반지하 단칸방으로 이사했다. 그 후부터 아버지는 매일 술을 마셨다.

내 기억에 남아 있는 아버지는 언제나 술 냄새에 찌들어 있었고, 옷과 손은 흙먼지로 더러웠다. 몇 번의 재기 시도와 좌절이 반복되면서 아버지는 점점 험한 일을 찾아갔다. 막노동을 하고 거친 사람들과 어울리고 악다구니를 썼다. 어떤 마음이었을까. 세상은 나를 받아주지 않고, 어디서부터 잘못 되었는지 기를 쓰며 힘겹게 쌓아올린 것들은 무너져가고, 그나마 한 줌 움켜쥔 것마저 손가락 사이를 빠져나갈 때, 그는 어떤 심정이었을까.

만다라가 진정으로 아름다운 이유는 미적인 색감과 모양과 승려들의 정성 때문이 아니다. 더 근본적인 이유는 만다라가 완성과 함께 무너지기 때문이다. 승려들은 만다라를 남기지 않는다. 모든 것이 완벽히 쌓여진 바로 그 순간, 승려의 모진 손이 둘레의 가장자리부터 중앙까지를 훑는다. 망설임 없는 그 손짓에 모래는 뒤섞이고 선명한 색상은 혼합되어 빛을 잃는다.

주위에서 그것을 지켜보는 사람들의 가슴은 철렁하고 내려앉는다. 하지만 그 순간. 그 짧은 순간에 우리는 이해하게 된다. 만다라가 인생에 대한 상징이었음을. 나의 모든 노력과 정성은 집착이 되어 모래처럼 쌓여가고, 우리는 이것을 붙들고 싶지만 결국은 금세 사라지고 만다. 그나마 한 줌이라도 움켜쥐고 싶지만 그것은 손가락 사이를 빠져나가고 마는 것이다.

가끔 이런 생각을 한다. 내가 이 세상에 온 목적은 무엇일까? 어떤 구체적인 근거도 없지만 나는 이렇게 믿는다. 우리가 이 세상에 온 이유는 무엇인가를 배우기 위해서라고. 태어나기 이전에 근원적인 내가 스스로 무엇을 배울지를 결정하고 그것을 실현하기 위해 이 짧고 유한한 세계를 선택한 것이라고 말이다. 그리고 생각한다. 그렇다면 나는 무엇을 배우러 온 것일까? 나는 나의 성장을 위해 무엇을 계획했던 것일까? 그것이 무엇인지 살아 있는 동안에는 결코 알 수 없을지 모른다. 하지만 적어도 무엇이 아닐지는 알 것도 같다. 성공, 풍요, 만족, 승리, 부유함. 이런 것들은 세속의 내가 원하는 것일지 모르지만, 심연의 내가 원하는 것은 아니었을 것이다. 이런 것들은 어쩌면 너무나 쉬운 것일지도 모른다. 그 안에서 배울 수 있는 것은 그리 많지도, 극적이지도 않다. 성숙한 영혼이라면, 더 많은 것을 배우고자 하는 용기 있는 영혼이라면 그는 무너지는 것 안에서 배우려고 할 것이다. 실패, 빈곤, 불만, 좌절, 가난함. 그 자리에 주저앉아 울음을 터뜨린다 해도 무엇 하나 이상할 것 없는 상황에서 그것을 이해하고 수긍할 수 있는 결연한 의지의 자신을 기대했을 것이다.

아버지는 어떤 심정이었을까? 그리고 지금은 근원적인 자기 자신으로 돌아가 어떤 생각을 하고 있을까? 어쩌면 아버지는 지금쯤 이 세상이 아닌 곳에서 아쉬워하고 있을지 모른다. 무너지는 만다라를 담담히 받아들이지 못했음을. 그리고 또 어쩌면 다음 만다라를 계획하고 있을지도 모를 일이다.

삶을 움켜쥐고 싶을 때, 그래서 나는 아버지의 만다라를 생각한다.

끝의 끝에는 시작이 있다

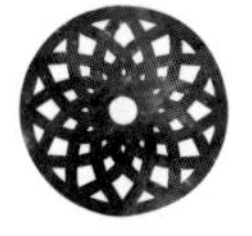

나의 이야기 4

어정쩡한 시간이 있다. 하던 일을 계속하기에도, 그렇다고 무언가를 새롭게 시작하기에도 애매한 시간. 마치 방학식을 두어 시간 남겼을 때처럼 말이다. 가끔 그 시간이 기억난다. 기억이라기보다는 느낌이라고 할 수 있겠지만. 교실을 채운 지루한 공기와 그 속을 천천히 부유하는 먼지들과 몇 번이나 뒤돌아보았던 교실 뒤 둥근 시계. 가끔 아이들의 탄식에도 불구하고 수업을 강행하시는 선생님도 계셨다. 그러면 아이들은 마치 그렇게 하는 것이 불법이라도 되는 양 몸부림을 치고 난동을 부렸다. 하지만 사실은 아이들도 알고 있어서, 그런다

한들 아무 소용도 없다는 것과 꼬박 그 지루한 시간을 견뎌내야만 한다는 사실을 내심 이해하고 있었던 것이다.

무력하고도 지루한 시간. 생각해보면 이상하다. 왜 갑자기 시간은 정지한 듯하고 우리는 무기력해졌던 것일까. 학교에서의 시간은 어제도, 한 달 전에도 동일하게 흘렀는데 말이다. 답은 간단하다. 끝을 보았기 때문이다. 선명하게 인지할 수 있는 경계 안쪽으로 끝이 들어섰기 때문이다.

그래서였을 거다. 큰 교통사고 이후 내가 아무것도 하지 못했던 이유도. 직장 동료들의 죽음 속에서 나는 끝을 보았던 것이다. 그때부터의 삶은 어정쩡한 시간이 되었다. 하던 일을 계속하기에도, 그렇다고 무언가를 새롭게 시작하기에도 애매한 시간. 너무나도 명확히 인식되었기 때문이다. 끝난다는 것이. 나는 언젠가 분명히 죽음을 맞이할 것이고, 이렇게 아등바등 발버둥 치며 쌓아올린 결실과 절실함은 모래가 바람에 날리듯 허공으로 흩어지고 말 테니까.

아무것도 하지 않을 테다. 나는 예정되어 있는 죽음을 원망했고, 무기력하게 마지막을 기다리는 자가 되었다.

남베트남의 승려 틱광득Thích Quảng Đứcu을 태운 낡은 승용차가 도로에 멈춰 섰다. 대통령궁에서 남서쪽으로 몇 블록 떨어진 사거리. 틱광득을 따라 두 명의 승려가 차에서 내렸다. 그중 한 승려가 교차로

가운데 방석을 깔았다. 다른 승려는 트렁크에서 휘발유를 꺼내들었다. 그날은 1963년 6월 11일이었고, 정부의 탄압으로 승려들과 시민들의 고통이 극에 달한 시점이었다. 틱광득은 침착하게 방석 위에 가부좌를 틀고 앉았다. 그는 불경을 암송했고 곧이어 깊은 명상에 들었다. 그의 머리 위로 휘발유가 부어졌다. 그 장면은 주위를 둘러싸고 있던 500여 명의 승려와 시민들을 동요시키기에 충분했다.

당시의 남베트남 정부를 이끌고 있는 사람은 응오딘지엠이었다. 그는 미국의 지원 아래 대통령이 되었다. 그리고 소수의 지주들, 경찰, 군부 세력의 이익을 보호하며 독재 권력을 유지했다. 그는 인구의 90퍼센트가 불교신자인 베트남에서 불교를 탄압하고 공공연하게 카톨릭을 지원했다. 사찰이 폐쇄되었고 승려들은 체포되었다. 반대로 카톨릭은 정부의 막대한 지원을 받았다. 특히 응오딘지엠은 카톨릭 신자들을 정부 요직에 배치하고 막강한 권력을 보장해주었다. 정부의 힘을 뒤에 업은 카톨릭 사제들은 사설 군대를 보유했다. 정부의 묵인 아래 민간인들을 강제로 개종시키거나 사찰의 석탑에 포격을 가하기도 했다.

응오딘지엠이 불교에 대한 공공연한 차별 정책을 강행했던 이유는 국민들에게 존경받는 불교 지도자들이 자신의 부정부패를 강력하게 비난해서였다. 결국 국민들의 인내심은 한계에 달했다. 1963년 5월. 부처님 오신 날을 기념하는 평화 행진이 정부군에 의해 저지당하자 승려와 시민들이 강력히 저항했다. 군은 시위대를 향해 발포했고

9명의 사망자가 발생했다. 정부는 시위대로 책임을 돌렸다. 배후세력으로 공산당을 지목했고, 많은 불교 지도자가 체포되었다.

그로부터 한 달 후, 승려 틱광득은 교차로의 한가운데 놓인 작은 방석 위에 연꽃처럼 앉았다. 불경을 암송하고 이내 깊은 명상에 들었다. 불 붙은 성냥이 바닥으로 길게 이어진 휘발유 자국에 던져졌다. 화염은 순식간에 신체를 집어삼켰다. 검고 짙은 연기가 그의 몸에서 뿜어져 나왔다. 하지만 그는 허리를 꼿꼿이 세운 채 한 치의 흐트러짐도 없었다. 어떠한 표정의 변화도 없고, 외마디 비명도 들리지 않았다. 그를 둘러싼 군중들의 동요는 이내 깊은 슬픔으로 변했다. 군중을 가로막고 있던 경찰들 중 몇몇은 무릎을 꿇고 불공을 드렸다.

강력한 화염 속에서 그의 몸이 점점 앞으로 구부러지는 듯했다. 하지만 틱광득은 혼신의 힘을 다하는 듯 다시 허리를 세우고 가부좌 자세를 유지했다. 그는 소신공양 직전 제자들에게 말했다.

"만약 내가 앞으로 넘어진다면 흉한 것이다. 그때는 해외로 망명하라. 하지만 뒤로 쓰러진다면 투쟁은 승리할 것이고 평화를 맞이할 것이다."

그의 몸이 완전히 연소되어 뒤로 넘어갈 때까지는 2분 여가 걸렸다. 시신은 노란색 천으로 싸여 수습되었다. 이 모든 장면은 사진과 영상으로 기록되어 전 세계로 퍼져나갔다. 수많은 사람이 베트남의 정치적 상황에 관심을 갖게 되었고, 응오딘지엠 정부와 이를 지원하는 미국 정부에 대한 비난 여론이 들끓었다. 결국 미국은 응오딘지엠 정부에 대한 지원을 포기했다. 그로부터 5개월 후 쿠데타가 일어나 응오딘지엠 정부는 무너졌다.

무기력 속으로 끝없이 침전하는 시기가 있었다. 문을 걸어 잠그고, 불을 끄고, 동굴같이 좁은 방에서 나는 며칠을 내리 잤다. 세상의 위험으로부터 단절된 이곳에서야 비로소 나는 숨을 쉴 수 있었다. 아무것도 하지 않을 테다. 그렇게 기다리는 자가 되었던 어느 날, 나는 밤을 새워 소신공양에 대한 사진과 자료를 찾아보았다. 그 강렬한 이미지와 영상과 역사와 존재와 소멸과 의문과 이해. 날을 꼬박 세우고 지쳐 방바닥에 쪼그리고 누웠다. 이불도 없이 그대로 잠이 들었을 때, 꿈을 꾸었다. 교차로, 아스팔트 위에 검게 그을린 자국, 시신이 수습되고 군중들이 떠나간 거리. 고요와 정적만이 남은 거리를 걸으며 생각했다. 무엇이었을까. 도대체 그는 무엇 때문에 주저 없이 소멸을 선택할 수 있었을까.

오후 늦게야 눈을 떴다. 작은 창에서 들이치는 햇살 속에 그대로 누워 있었다. 천천히 부유하는 먼지를 주시하며 잊고 있던 오래전의 감각을 떠올렸다. 기다림. 그 익숙한 느낌. 나는 무엇인가를 시작해봐도 괜찮겠다는 생각을 했다.

어렴풋이 이해할 수 있었기 때문이다. 끝과 죽음이 갖는 의미를. 죽음은 두 가지로 해석될 수 있다. 우선 수동적으로 닥쳐오는 하나의 사건으로 이해할 수 있다. 죽음이란 내가 어찌할 수 없는 하나의 사고이고 돌발이며 일탈인 것이다. 그러니 그것을 회피하고 거부하는 태도를 취할 수 있다.

다음으로 능동적인 선택으로 이해할 수도 있다. 언제 어떻게 닥쳐올지 알 수 없는 것이 사실이지만 죽음을 전체 과정의 마무리로, 수작업의 마감질로, 여행의 마지막 날로, 긴 문장의 마침표로 이해하는 것이다. 이러한 이해를 가진 이에게 죽음은 삶과 단절된 사건이 아니다. 그것은 길고 긴 인생을 마치고 결실을 수확하는 시간이 된다.

후자의 태도를 가진 이의 시야 안으로 끝이 들어서면, 그는 놀라거나 당황하지 않을 것이고 무기력하게 기다리지도 않을 것이다. 대신 마지막 힘을 다할 것이다. 왜냐하면 드디어 정성스럽게 매듭지음으로써 인생 전체의 의미를 확정해야 하는 시간이 다가왔으므로.

가끔 그 시간이 기억난다. 교실을 채운 지루한 공기와 그 속을 천천히 부유하는 먼지들, 수업을 강행하시는 선생님과 그러면 안 된다며 투덜대던 아이들. 아이들은 선생님의 완고함에 체념했다는 듯 온몸으로 불만을 표현했지만 사실은 알고 있었다. 그런다한들 아무 소용도 없다는 것과 꼬박 그 지루한 시간을 견뎌내야만 한다는 것을. 그리고 그와 동시에 기다림도 끝날 것이고, 매듭은 지어질 것이고, 설레는 새로운 출발이 곧 시작될 것임을.

우리는
떠날 때에야
비로소 정착한다

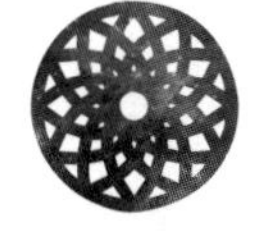

나의 이야기 5

운명을 믿느냐는 그녀의 물음에 나는 그렇다고 답하였지만, 품 안으로 파고드는 작은 어깨를 끌어안으며 나는 쉽게 잠들지 못했다. 창밖에 드리워진 희미한 네온사인과 깊게 내려앉은 고요와 작은 숨소리와 부드러운 체온. 모든 것이 이렇게 되기로 처음부터 정해져 있었던 것이다. 이해할 수 없었던 과거의 모든 시간은 이제 그 이유를 찾고, 미래의 가능성과 인생의 의미는 그녀를 안고 있는 이 밤을 향해 기울어지고 있었다. 운명이었던 것일까. 곤히 잠든 그녀의 얼굴을 보며 나는 나의 존재 이전에 있었던 그 어떤 거대한 약속에 대해 더듬어보게 되는 것이었다. 하지만 그럴수록 불안은 엄습했다. 티벳. 히말라야의 설원으로부터 불어오는 서늘한 바람을 느끼며 나는 이불을 어깨까지 덮고 움츠렸다.

아버지를 묻던 날 아침. 운구를 함께한 외삼촌은 햇살에 밝아오는 공원묘지를 내려다보며 아버지가 참 좋은 곳에 묻혔다고 말했다. 저 앞을 봐라. 막힌 것이 하나도 없구나. 단 한 번도 정착하지 못했던 아버지는 원하던 대로 떠나고 나서야 괜찮은 자리에 정착했다. 무덤들이 가지런히 정돈된 계곡을 내려다보며 나는 그녀의 말을 떠올렸다. 운명을 믿느냐는. 아버지에게는 무엇이 운명이었던 것일까. 떠나는 것이 운명이었던 것일까, 떠나고자 하면서도 떠나지 못하는 것이 운명이었던 것일까.

티벳으로 가는 것이 운명인지, 티벳으로 가고자 하면서도 끝내 가지 못하는 것이 운명인지를 불안해하는 나에게 그녀는 티벳 여행에 대한 책을 선물했다. 무엇이 그렇게도 무겁냐고, 여행하듯 다녀오면 되지 않겠느냐고 담담하게 건네는 그녀의 차분하고도 지친 눈을 마주하면서 나는 나의 우유부단함과 어리석음과 사랑하는 사람 하나 지키지 못하는 나약함에 넌더리가 났다.

떠날 때야 비로소 정착하는 건지 모른다. 취업한 지 얼마 안 되어 일찍 퇴근하기 어렵다는 친구를 불러내어 나는 혼자 술에 취해서는, 김동리의 〈역마〉를 아느냐고 물었다. 이른 여름의 장날 아침 두릅회에 막걸리 한 사발 들이켠 성기가 어머니에게 엿판 하나만 맞춰 달라 하고는 해동 쪽을 향해 천천히 걸어갈 적에 점차 마음은 한결 가벼워져 어머니의 주막이 시야에서 사라질 무렵에서는 육자배기 가락으로 콧노래까지 불렀던 마음을 너는 알겠느냐고, 나는 이해할 것도 같다고 그렇게 친구에게 주정을 부렸다. 나는 안다. 떠날 때야 비로소 정착하는 것이다. 아버지도, 그녀도. 정착하고 뿌리를 내리기 위해서 떠난 것이다. 알았다며 다독이는 친구의 어깨에 매달려 나는 집으로 돌아왔다. 방문을 잠그고 옷도 벗지 않고 누운 채, 취기에도 점차 또렷해지는 정신으로 새벽을 맞을 무렵, 나는 무언가 마음이 누그러지며 정확히는 표현할 수 없지만 삶에 주어진 의무 하나가 또 다시 마무리되는 기분을 느꼈다.

많은 시간이 지난 어느 날. 이삿짐을 정리하다 오래된 책을 발견했다. 티벳 여행기. 그래, 이런 책이 있었지. 그대로 자리에 엉덩이를 붙이고 앉아, 무거워 들출 수 없었던 책장을 가볍게 넘겨보았다. 일정과 준비물과 차표 시간마다 형광펜으로 밑줄이 그어져 있고 꾹꾹 눌러쓴 익숙한 글씨로 주의사항이 적혀 있었다. 그랬구나. 책상에서, 지하철에서, 카페에서 그녀는 한 장 한 장 책장을 넘기며 불안한 연인을 대신해 티벳의 외로운 고원을 순례하고 돌아왔던 것이다. 왜 책을 건네는 그녀의 눈빛이 그렇게도 차분하고 지쳐 있었는지 나는 그제야 비로소 이해할 수 있었다.

나이가 든다는 건 다행이다. 어린 날의 들뜸과 격정은 가라앉고, 섬세함은 무뎌지고, 무거움은 가벼워진다. 죄책감은 줄어가고, 헛된 희망은 사라지고, 안타까움은 오래가지 않는다. 그래서인가, 나는 다만 고마웠다. 연인의 불안을 나누어 지고 젊고 아름다운 시간을 함께해 준 그녀에게 다만 고맙다고 느낄 뿐이었다. 그리고 마지막 책장을 덮을 때에는 조금 부끄러워졌다. 그렇게 무거워하지 않아도 되었을 것을. 무엇이 그리 무겁다고 세상의 짐을 혼자 다 짊어진 사람처럼 엄살을 부렸던 것일까. 운명이라거나 의무라거나 책임이라거나, 그런 것들은 생각처럼 무겁거나 슬픈 것이 아닌지도 모르는데.

그래서 다녀오기로 했다. 가볍게, 즐겁게. 그렇게 해도 괜찮을 만큼 시간이 흘렀을 테니. 맛있는 음식을 사먹고, 좋은 장소에도 다녀보고, 가볍고 괜찮은 배낭 하나 맞춰 매고는 티벳을 향해서 집을 나설 적에 점차 마음은 한결 가벼워져 집의 그림자가 시야에서 사라질 무렵에서는 육자배기 가락으로 콧노래까지 부르게 될지도 모르니 말이다.

그렇게 감춰진 길로 들어서며 나는 비로소 정착하기로 했다. 존재하지 않는 것과 관계 맺으려 하는 세상의 모든 짐 진 여행자가 안심하고 자신의 감춰진 길로 들어설 수 있기를 바라며.

"당신 앞에 세상은 하나의 좁은 길이 아니라 들판처럼 열려 있고, 당신이 보아야 할 것은 보이지 않는 어딘가의 목표점이 아니라 지금 딛고 서 있는 그 들판이다. 이제 여행자의 눈으로 그것들을 볼 시간이다."

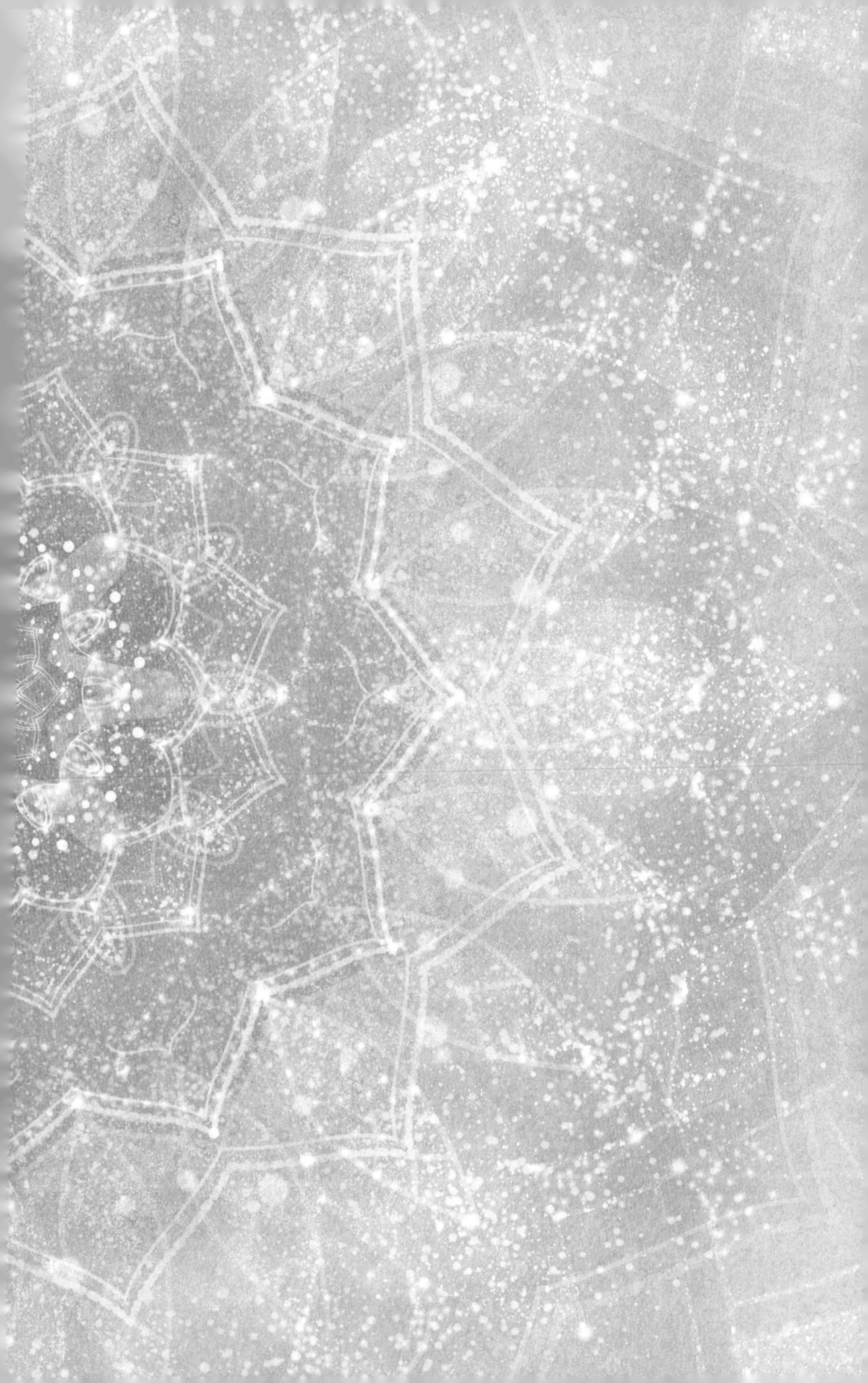

도구

"이야기는 나와 세계를 관계 맺게 하는 도구다. 우리는 날것 그대로의 세계를 볼 수 없다. 어떤 안경이 되었든 반드시 집어 들어야 하고, 그 안경의 색깔이 만들어내는 명도와 채도 안에서만 세계를 받아들일 수 있다. 세계의 거대함은 이야기를 통해 나에게 의존하고, 나는 이야기를 통해 세계의 거대함을 포용한다."

모든 관계는 통증이다

통증에 대하여

위경련이 있다. 주기적으로 찾아오는데 약이 듣지 않아 고통을 꼬박 감내해야만 한다. 보통 열두 시간에서 열다섯 시간 정도가 이어진다. 그럴 때면 허리를 잔뜩 구부리고 옆으로 웅크리고 누워 그저 아파하고 있어야 한다. 이것은 그나마 내가 터득한 요령이다. 위경련에 익숙하지 않았을 때는 뭔가 해결 방법이 있을 거라는 생각에 응급실에도 가보고 약도 먹어보고 위에 좋다는 양배추도 먹어보고 구토도 해보았다. 하지만 결국 깨닫게 된 것은 아무것도 하지 않고 있는 게 가장 낫다는 것이다.

아픈 배를 꾹꾹 눌러가며 지루한 통증을 처음부터 끝까지 혼자 다 감내하고 있노라면 시간은 너무나 더디게 흐르고, 고통과 뒤섞인 복잡하고 불연속적인 상념에 빠져든다. 많은 생각이 떠돈다. 무엇이 문제인가, 혹시 큰 병이 있는 건가, 얼마나 시간이 흘렀나, 역시 건강이 중요하다, 응급실에 가볼까, 그래봤자 소용없지 않은가, 배를 따뜻하게 하면 괜찮아질까, 도대체 통증이란 무엇인가.

그렇게 오랜 시간 동안 기진맥진하며 통증과 상념이 만들어내는 소용돌이 속을 헤매다 보면, 어느 순간 통증의 실체가 무엇인지 어렴풋이 이해하게 된다. 어쩌면 그것은 하나의 '말'이다. 신체가 나에게 건네는 말. 입이 없는 신체가 자신이 존재하고 있음을 나에게 알리는 유일한 방법이 통증인 것이다.

그런 의미에서 통증은 자아와 신체가 관계 맺고 있는 방식이고, 동시에 자아와 신체는 통증으로 서로의 존재를 확인하게 된다. 나는 통증을 통해 비로소 내 신체의 내면을 보고, 신체는 통증을 통해 내면을 보는 나를 본다.

아픔, 허기짐, 피로, 무기력, 분노, 슬픔, 불안, 안타까움. 나를 휩싸고 돌며 휘몰아치는 통증의 한가운데 앉아 나를 불러낸 신체의 맨얼굴을 들여다본다. 그는 눈도, 코도, 입도 없고 이유나 목적을 말해줄 생각도 없다. 그저 혼신의 힘을 다해 자기 자신을 뒤틀어대며 내가 자신을 봐주기를 초조하게 기다리고 있다. 그래, 내가 여기 있다. 통증이 마련해놓은 자리에 함께 앉아 우리는 그저 서로의 슬픈 얼굴을 마주한다.

만약 그러하다면, 통증이 하나의 관계 방식이라면, 통증은 나의 아픔이라는 주관적 상태에 한정되지 않고 보편적 지위를 획득한다. 즉, 내가 타자와 관계 맺는 방식도 넓은 의미에서의 통증인 것이다. 나와 나의 신체가 그러하듯, 나와 타인도 통증을 통해 관계를 맺고 통증을 통해 서로의 존재를 확인한다. 나는 통증을 통해 비로소 신체의 껍질 안쪽으로 펼쳐진 타인의 내면을 보고, 타인은 통증을 통해 자신의 내면을 보는 나를 본다.

그렇지 않았던가. 그와 함께한다는 것, 그것은 모든 순간이 자극이고 통증이었다. 첫 만남, 애착과 마음 씀, 설레며 기다리던 시간, 그를 안던 밤, 익숙함과 오해, 권태와 멀어짐, 이별과 그리움. 나를 휘몰아치는 강렬한 자극의 한가운데 앉아서 나를 불러낸 그의 맨얼굴을 들여다본다. 그의 예쁜 눈과 코와 입을 기억한다. 우리의 사소한 말과 행위는 언제나 거대한 이유와 목적으로 해석되어 서로의 가슴을 물어뜯었고, 풀리지 않은 오해는 해명의 기회도 허락받지 못한 채 영혼의 깊은 상흔으로 자리 잡았다. 그래, 내가 여기 있다. 통증이 마련해준 자리에 마주 앉아 우리는 그저 서로의 슬픈 얼굴을 주시하며, 서로가 서로에게 어떤 존재였는가를 생각한다.

그렇게 통증은 어린 우리가 세계의 깊은 심연과 처음으로 관계 맺는 하나의 계기였다. 나는 통증을 통해 세계와 만나왔다. 나에게 가깝고 소중한 것일수록 통증은 더 직접적이었고, 나에게 먼 것일수록 통증은 간접적이었다. 그래서 어떤 의미에서는 나의 세계는 통증을 기준으로 재편된다고 하겠다. 나의 몸으로부터 시작하여 나의 자녀와 가족, 친구와 동료의 고통은 원초적으로 느껴지고 타 민족과 인류를 넘어 세계 전체로 나아가는 고통은 너무나 멀고 희미하게 느껴지지 않던가.

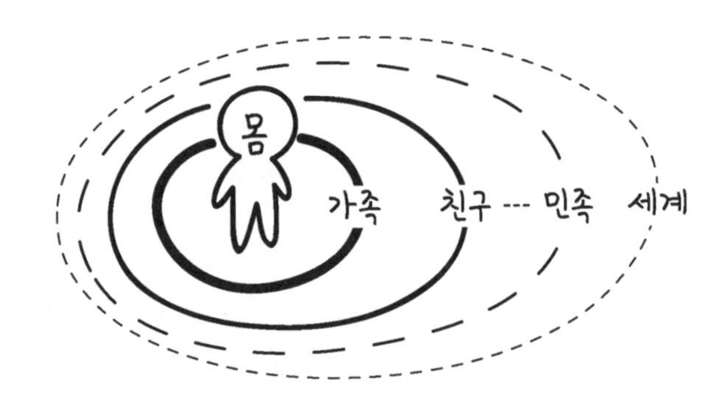

그것은 다행인 동시에 안타까운 일이다. 우선 다행인 것은 이로 인해서 작은 개인이 세계의 고통이라는 무거움을 짊어지지 않을 수 있다는 것이다. 하지만 안타까운 것은 이 때문에 우리가 세상의 고통을 방치하게 되었다는 것이다. 수십억 명의 인구가 충분히 섭취할 수 있는 식량이 생산되면서도 누군가에게는 넘치고 다른 이에게는 부족한 이유, 빈부격차가 심화되고 복지의 사각지대가 여전히 존재하는 이유, 화려함과 세련됨이 넘치는 도시의 거리에서 누군가는 쓰레기통을 뒤져야 하는 이유. 그 모든 이유의 본질은 원죄의 결과나 사회제도의 불완전성이 아니다. 그것은 단순하게도 멀리 떨어진 고통이 나에게 강렬히 다가오지 않기 때문에, 우리가 통증을 기준으로 재편된 세계에 살기 때문이다.

하지만 그렇다고 세계의 거대한 통증이 우리와 완전히 단절된 것은 아니다. 직접적이고 원초적인 방식은 아니지만, 간접적이고 서사적인 방식을 통해 통증은 우리에게 전해진다. 나의 고통은 하나의 이야기로 엮어져 머나먼 타자에게 전달되고, 세계의 고통은 거대한 이야기로 정리되고 다듬어져 나의 영혼을 일깨운다.

그래서 '이야기'는 통증의 다른 이름이다. 그것은 완화된 방식으로 우리가 세계의 고통을 이해할 수 있게 하고, 비로소 작은 개인을 거대한 세계와 관계 맺을 수 있게 한다. 많은 책을 읽고, 다양한 분야를 탐구하고, 낯선 영화를 보고, 여러 음악을 듣고, 세계에 대한 깊은 호기심을 가진 사람일수록 예민한 감수성으로 보편적 윤리와 은폐된 고통에 관심을 기울이게 되는 이유가 이것이다. 이야기. 그것이 세계의 둘레와 경계까지 나의 감각을 확장하고, 결국 세계의 고통을 내가 감지하게 한다.

위경련이 만들어내는 통증 위에 누워 이리저리 몸을 뒤척이던 나는, 나에게 아직 닿지 않은 세계의 통증까지도 그렇게 쓸데없이 더듬어보았다.

세계와 나를 맺어주는 도구

이야기에 대하여

필리핀의 남쪽 민다나오 섬에는 만다야족이 산다. 그들에게는 세상의 다양한 존재들의 기원에 대한 전설이 있다. 이 전설의 시작은 해와 달의 결혼으로부터 시작된다. 해와 달은 영원에 가까운 오랜 세월을 함께하며 슬하에 많은 자녀를 두었다. 하지만 행복한 시간은 오래 가지 못했다. 모든 이가 그러하듯 둘 사이엔 다툼이 있었고, 결국 아내인 달이 해에게서 도망쳤다. 부모가 헤어지고 돌보아줄 어머니가 사라지자 아이들은 슬픔 속에서 차례로 죽어갔다. 달은 이를 불쌍히 여겼다. 자녀들의 시체를 모아 잘게 부수고 으깨었다. 그리고 그것을 공중에 흩뿌렸다. 바람은 자녀들의 조각과 안타까움을 싣고 멀리 멀리 퍼져나갔다. 바람이 잠잠해지자 그중에 어떤 것은 물에 떨어져 물고기가 되었고, 어떤 것은 땅에 떨어져 뱀과 짐승이 되었으며, 다른 것은 하늘로 올라가 별이 되었다.

만다야족의 아이들은 할머니의 품에 안겨 세상의 다양한 존재들의 탄생의 비밀을 들었을 것이다. 이제 아이들의 귀는 밝아지고 눈은 투명해져, 그때까지 보이지 않던 것을 보고 들리지 않던 것을 듣게 되었을 것이다. 해와 달이 보이고, 바람의 소리가 들리고, 약속이란 깨어질 수 있다는 사실과, 결과는 돌이킬 수 없다는 안타까움과, 모든 존재는 원인과 결과의 사슬에 묶여 있음을 알게 되었을 것이다.

이야기는 나와 세계를 관계 맺게 하는 도구다. 우리는 날것 그대로의 세계를 볼 수 없다. 어떤 안경이 되었든 반드시 집어 들어야 하고, 그 안경의 색깔이 만들어내는 명도와 채도 안에서만 세계를 받아들일 수 있다.

전설은 단순히 아이들의 동화가 아니다. 인류가 가장 오랜 시간 사용해온 안경이었고, 지금까지도 이 세상이 처음인 수많은 존재가 거부감 없이 세계와 처음으로 관계 맺을 수 있게 하는 도구다.

그런 측면에서 전설은 종교, 체제, 이념, 과학과 다를 것이 없다. 이것들은 모두 큰 틀에서 '이야기'이고 어른들을 세계와 관계 맺을 수 있게 하는 도구다. 그렇지 않은가? 종교는 신과 인간의 계약이라는 이야기로 세계를 설명하고, 자본주의는 수요와 공급으로, 공산주의는 계급 갈등으로, 과학은 인과의 법칙이라는 이야기로 세계를 설명한다.

물론 어떤 이들은 이것들 전체를 이야기라고 묶는 것에 대해 불만을 가질 것이다. 그들은 이렇게 말한다. 다른 것이 있다. 이것들 중에는 분명 이야기가 아니라 진리라고 불러야 하는 것이 있다. 꾸며낸 이야기가 아니라 실제 세계를 정확히 모사하는 사실 그 자체가 있다는 것이다. 하지만 진짜로 그런 것이 있을까? 나는 모르겠다. 종교인은 종교를, 과학자는 과학을, 특정 체제와 이념에 평생을 헌신한 사람은 자신이 믿는 것을 진리라고 말할 테지만, 진정 그것이 이야기를 넘어서는 그 무엇인지를 나는 확신하기 어렵다.

어떤 이야기가 더 세계에 대한 진실을 반영하는지, 혹은 더 우월한지를 확정할 수 없음은 영화 〈라이프 오브 파이〉를 통해 엿볼 수 있다. 영화의 마지막 10분은 그 전까지의 단일한 이야기를 두 가지 이야기의 중첩으로 만들어낸다. 바다에서 조난되어 하이에나, 오랑우탄, 얼룩말, 호랑이와 표류했던 파이의 동화 같은 이야기는 보고서에 올릴 만한 합당한 이야기가 필요하다는 보험사 직원들의 요구에 다른 방식으로 재해석된다. 이제 이야기는 동화가 아니라 실제 인간들 간의 살인과 식인이라는 끔찍한 생존기로 변한다. 파이는 직원들에게 묻는다. 어떤 이야기가 더 마음에 드는가? 우리는 선택해야 한다. 합리적인 현대인은 이렇게 말할 것이다. '이것은 마음에 드는지의 문제가 아니라 사실의 문제이고, 여기서의 사실은 어쩔 수 없이 후자다. 전자는 사실에 대한 부수적인 해석일 뿐이다.' 하지만 종교적인 의미에 대해 고민해본 이들은 이렇게 말할 것이다. '어쩌면 전자가 더 근본적인 진실인지 모른다. 이것은 실제로 신이 파이를 위해 마련해놓은 깨우침을 향한 길이고, 그것의 부수적인 현상으로서 후자가 필요했던 건지도 모른다.' 그래서 파이의 물음은 유효하다. 어떤 이야기가 더 마음에 드는가. 어떤 이야기가 더 근원의 진실을 반영하는가.

자신의 삶을 객관적인 사실과 정보와 데이터로만 이해하는 사람은 없다. 내가 처했던 어려움의 이유, 수많은 만남과 헤어짐, 그 속에서 운명처럼 마주하게 된 사람과, 반복되는 계절과, 고독하게 늙어간다는 것의 의미. 이것들은 다만 의학, 생리학, 사회학, 경제학, 심리학의 보편적 해석으로 설명될 수 있는 종류의 것이 아니다. 내 인생의 소중한 기억들은 나 스스로에 의해 선별되어 마음의 앨범 속에 배열되고, 겉으로 드러나지 않는 심연의 진실과 뒤섞여 하나의 이야기로 서술된다. 그리고 이야기는 결국 우리를 깨닫게 한다. 나는 누구이고, 왜 이곳에 왔으며, 무엇을 해야 하고, 무엇을 하면 안 되는지를. 우리는 이야기를 통해 나와 세계의 의미를 비로소 이해하게 된다.

그래서 이야기는 도구다. 그것은 세계와 나를 이어준다. 세계의 거대함은 이야기를 통해 나에게 의존하고, 나는 이야기를 통해 세계의 거대함을 포용한다. 이야기를 통해 나는 모든 것을 허락받는다. 세계의 시작과 끝, 팽창과 수축, 존재와 무無는 이야기를 통해 내 안에서 발현된다.

하지만 기억해야 할 것이 있다. 나에 의해 구성된 이야기는 나의 세계의 진실성을 반영할 뿐이다. 그것은 타자의 세계를 재단하는 기준이 될 수 없고, 세계 전체를 기술하는 보편적 진리가 될 수 없다. 모든 이야기가 마찬가지다. 내 인생의 이야기를 비롯한 종교, 체제, 이념, 과학적 세계관 전체는 세상의 일부를 기술하는 이야기여서 어쩔 수 없이 배제하거나 은폐하는 부분을 만들어낸다. 그러나 피할 수 없는 일이다. 그러한 과정을 통해서만 유한한 개인은 무한한 세계를 자기의 내면에 담아낼 수가 있다.

그래서 몇 가지 이야기를 준비했다. 하나의 이야기가 어떻게 다른 세계를 은폐하는지 그리고 어떻게 숨겨진 세계를 드러내는지, 우리가 갖고 있는 이야기들을 점검해볼까 한다.

낡은 벤치를 지키는 두 명의 군인 이야기

믿음에 대하여

이 이야기는 군복무 시절, 전역을 얼마 남기지 않으신 노년의 지휘관으로부터 들은 이야기다. 기억을 더듬어 당신에게도 전해주고 싶다.

새로 부임한 대대장은 부대를 시찰하던 중 이상한 광경을 발견했다. 수풀로 가려진 공간에 낡은 나무 벤치 하나가 놓여 있고 그 벤치를 두 명의 병사가 지키고 있었다. 대대장이 병사에게 지금 무엇을 하고 있는지 물었다. 병사가 큰 소리로 대답했다.

"경계근무를 서고 있습니다!"

대대장이 무엇에 대한 경계근무를 서고 있는지를 물었다. 병사는 이것이 일종의 시험이라고 생각했는지 얼굴에 부담감이 역력했다. 대대장의 뒤를 따르고 있던 간부들도 긴장한 표정으로 병사의 입에서 어떤 말이 나올지 숨죽여 주시했다. 갑자기 병사의 표정이 밝아졌다. 답이 생각난 것이다.

"적으로부터 경계근무를 서고 있습니다! 최선을 다하겠습니다!"

뒤에 선 간부들의 표정이 밝아졌다. 그 속에 있던 중대장 한 명이 자기 부대원이라며 대대장에게 들릴 만한 목소리로 다른 간부들에게 자랑했다. 대대장은 무슨 이유가 있을 것이라 생각하고 우선은 그 자리를 떠났다.

시찰이 끝나고 대대장은 중대장을 호출했다. 대대장이 물었다. 무엇에 대한 경계근무인가? 중대장은 질문을 이해하지 못했다. 대대장이 다시 물었다.

"왜 병사들이 나무 벤치를 지키고 있느냐는 말일세. 그것도 두 명씩이나."

중대장은 그것이 자기 부대의 근무 명령 중 하나라고 대답했다. 이것은 자신이 부임하기 전부터 있었던 부대의 임무라는 것이었다. 대대장은 부대에 가장 오래 있었던 주임원사를 호출했다. 하지만 주임원사도 그 이유를 알지 못했다. 이 경계근무는 주임원사가 이곳에 오기 전부터 있었던 임무라고만 했다.

대대장은 이것이 비합리적이고 이해할 수 없는 일이라고 생각했지만 그 임무를 쉽게 없앨 수도 없었다. 표면적으로는 알 수 없어도 무언가 매우 중요한 이유가 숨겨져 있을 수 있지 않은가? 게다가 부임한 지 얼마 되지 않은 상황에서 잘 지켜지고 있는 기존 규칙을 괜히 바꿨다가 잡음이 발생할 수도 있었다. 그리고 생각해보면 서두를 이유도 없었다. 한두 해 지나고 부대에 익숙해졌을 때, 어떤 이유인지 알아보고 조치를 취하면 될 일이다.

부대를 지휘하는 일은 녹록지 않았다. 상급부대가 원하는 업무는 많고, 부대 내에는 신경 써야 할 일들이 쌓여갔다. 대대장은 최선을 다했고 존경받는 지휘관이 되었다. 하지만 시간은 빠르게 흘러 이 사건은 잊혀갔다. 대대장은 새로운 인사 명령을 받고 다른 부대로 가게 되었다.

이후 새로운 대대장이 부임했다. 그는 부대를 시찰하던 중 이상한 광경을 발견했다. 수풀로 가려진 공간에 낡은 나무 벤치 하나가 놓여 있고 그것을 두 명의 병사가 지키고 있었던 것이다. 무엇을 하고 있느냐고 대대장이 물었고, 병사는 큰 소리로 대답했다.

"경계근무를 서고 있습니다!"

사람들이 믿는 것을 믿는 것, 사람들이 행동하는 것을 따라 하는 것. 그것은 우리에게 심적 위안을 준다. 괜히 분란을 일으킬 필요는 없지 않은가? 그리고 내가 잘 모르는 것일 수도 있지 않은가? 많은 사람이 그렇게 믿고 행동한다는 것은 그만한 이유가 있는 것이며, 또한 수없이 검증되었을 것이다.

종교와 전통, 관습과 윤리, 국가와 사회도 마찬가지다. 그것은 내가 태어나기 훨씬 전부터 무수히 많은 사람에 의해 지켜져왔던 약속이다. 먹고사는 데 신경 쓰는 것만으로도 각박한 시대가 아닌가? 절대 다수가 믿고 행하는 것들까지 하나하나 의심하고 고민하면서 인생을 낭비할 수는 없다. 그 시간에 한 개라도 더 공부하고 더 열심히 일하는 것이 낫다.

어머니는 항상 이렇게 말씀하셨고 어린 나는 그 말에 수긍했다. 하지만 어른이 된 지금은 안다. 반드시 그런 것만은 아님을. 생각보다 많은 사회적 담론 속에 자생적으로 자라난 비합리성이 들어 있다. 종교, 전통, 관습, 윤리가 거짓이라는 것이 아니라, 그 거대한 진리 속에 무수히 많은 오해와 우연이 섞여 들어가 있다는 말이다.

진리의 반대말은 거짓이 아니다. 진리의 반대말은 복잡성이다. 거짓만이 존재한다면 우리는 그것을 쉽게 제거할 수 있다. 하지만 거짓 안에 진리가 섞여 있을 경우, 혹은 진리 안에 거짓이 섞여 있을 경우 우리는 그것을 쉽게 제거하지 못한다.

그래서 의심해야 한다. 모든 사람이 믿고 있다 하더라도, 너무나 오랜 역사와 전통을 갖고 있다 하더라도, 그것의 크기가 너무나 압도적이라 하더라도. 당신이 심리적 위안보다 진실의 이면을 보고 싶어 하는 사람이라면 의심해봐야 한다.

이제는 모두에게서 잊혔기에 낡은 벤치의 비밀을 아는 사람은 이 세계에 존재하지 않는다. 하지만 당신에게는 지금부터 말해줄까 한다. 이것이 그 진실이다.

아주 오래 전, 부대가 창설된 지 얼마 되지 않은 어느 날. 상급부대로부터 업무가 내려온다. 모든 부대는 병사들의 심적 안정을 위해서 부대 내에 쉴 수 있는 공간을 마련하라. 부대는 다양한 조치를 취했다. 그중 하나가 곳곳에 나무 벤치를 만드는 것이었다. 그렇게 해서 당시에는 수풀로 가려지지 않았던 이곳에 벤치가 들어섰다. 하지만 병사들이 벤치에 앉을 시간이 어디 있겠는가? 벤치는 잊혀갔고 점차 낡아갔다.

부대가 창설되고 많은 시간이 흐른 어느 날. 상급부대 연대장이 부대를 시찰하기로 했다. 부대는 분주해졌다. 병영을 정비하고 청소를 시작했다. 그러던 중 당시 대대장의 눈에 이 낡고 빛바랜 벤치가 들어왔다. 대대장의 핀잔에 행정관은 병사들을 시켜 급히 페인트 칠을 했다. 중대장은 이 소식을 듣고 걱정했다. 병사들이 페인트가 마르기 전에 벤치에 앉아서 이를 더럽히면 어쩌나. 처음에는 경고판을 세울까 하다가 그것마저도 걱정이 되어 한 명의 병사를 배치하게 했다. 중대장은 이 일을 정식 명령을 통해 임무 배치할 것을 소대장에게 지시했고, 소대장은 교대 명령서를 작성하여 24시간 병사들을 배치했다. 며칠 후 연대장이 부대 시찰을 왔으나, 그의 행보는 벤치에까지 이르지 않았다. 하지만 부대는 그동안 정신없이 분주했고 이후에도 무수히 많은 훈련과 일정을 소화했다. 그렇게 중대장과 소대장이 교체되었지만 임무 명령서는 계속 작성되었다.

부대가 창설된 지 오랜 시간이 흐른 어느 날. 상급부대로부터 명령이 내려왔다. 인근 부대에서 경계근무 사고가 있었으니 경계근무 안전을 강화하라. 명령을 받은 당시의 대대장은 혼자 경계를 서는 것을 전면 금지하고 모든 경계근무에서 반드시 2인 1조로 활동하게 했다. 그 명령은 대대장으로부터 중대장에게로, 다시 소대장에게로 이어졌다.

무수히 많은 계절이 바뀌었고, 사람들이 교체되었으며, 시대가 변했지만, 부대의 규칙과 질서는 반복되고 이어졌다.

이것이 낡은 벤치가 두 명의 병사에 의해 지켜진 이유였다.

당신은 지금 어떤 벤치를 지키고 있는가?

진리는 어떻게 폭력이 되는가

진리에 대하여

'진리眞理'는 사전적으로 '참된 이치'를 말하지만, 모든 언어가 그러하듯, 실제 사용에서는 고정되지 않고 맥락에 따라 다양한 의미로 사용된다. 그런데 다양한 사용방식을 넘어 진리는 거의 모든 경우에 긍정적인 의미로 다뤄진다는 공통점을 갖는다. 종교의 영역에서, 예술의 영역에서, 철학과 과학의 영역에서 진리는 지향해야 할 하나의 방향성으로 제시된다.

하지만 정말 그러한가? 진리는 긍정적인 개념인가? 단정적으로 말하면 구체적인 현실에서는 그렇지 않은 것 같다. 인위적으로 제한된 특정한 영역에서는 옳을 수 있지만, 일상이라는 실제 현실에서 진리는 긍정적이기보다는 하나의 폭력으로서 드러난다. 실제로 그렇지 않은가? 당신도 경험했을 거라 생각한다. 당신이 폭력의 주체였을 수도 있고 대상이었을 수도 있지만, 어쨌거나 우리는 쉽게 진리가 만들어내는 불필요한 갈등의 상황에 처한다.

물론 나에게도 그런 경험이 있다. 직장생활을 하던 시기로 기억한다. 야근을 마치고 그나마 한산해진 지하철에 실려 집으로 향하고 있었다. 내가 앉은 좌석 앞으로 누군가 다가오는 것이 느껴졌다. 빈자리가 충분한데 왜 내 앞으로 오나 하는 생각에 고개를 들었다. 부유해 보이도록 신경 썼다고 생각되는 중년의 여성이 손잡이에 의지한 채 인자한 표정으로 나를 내려다보고 있었다. 나는 귀에서 이어폰을 빼며 무슨 일인지를 묻는 표정을 지어 보였다. 그녀가 다짜고짜 던진 말은 이것이었다.

"젊은이, 예수님 믿어요?"

내가 대답했다.

"네. 붓다도 믿고, 무함마드도 믿어요."

굳어지는 그녀의 표정을 보며 나는 잘못 말했음을 느꼈다. 아마도 그녀는 내가 자신을 놀린다고 생각했던 것 같다. 하지만 그런 건 아니었다. 귀찮은 듯 대답하긴 했지만 그렇다고 거짓으로 답변한 것은 아니다. 당시의 나는 실제로《티벳 사자의 서》를 즐겨 읽고, 이태원에 있는 이슬람사원에 종종 놀러가기도 했던 것이다.

그녀가 내게 한 말 중에서 가장 인상적이었던 것은 내가 불쌍하다는 말이었다. 승강장을 빠져나갈 때까지 그녀는 나를 따라오며 성경의 구절과 신실한 믿음과 천국과 지옥에 대해 설교했다. 하지만 쏟아지는 좋은 말씀들 속에서 나는 감춰지지 않는 그녀의 분노를 느낄 수 있었다.

이때의 경험은 생각보다 인상적이었다. 나는 말조심을 해야 함을 배웠다. 하나의 확고한 진리관을 가진 이에게는 그 세계 밖의 것들에 대해 말할 때 주의해야 함을 말이다. 그리고 동시에 그녀의 세계에 대해서 생각했다. 그녀의 세계에는 무엇이 있고 그녀의 세계 밖에는 도대체 무엇이 있기에 그녀는 그렇게 분노했던 것일까.

나는 이후에 그녀를 다시 보지 못했지만, 무수히 많은 곳에서 그녀의 것과 동일한 형태의 분노를 목격할 수 있었다. 자신이 오랜 시간 직장생활 속에서 배운 경험과는 다른 방식으로 문제를 해결하려는 신입사원에게 분노하는 부장님을 보았고, 자신이 평생 연구한 학문에 대해서 다른 방식으로 접근하려는 타과 학생을 멸시의 시선으로 바라보는 교수님을 보았으며, 신의 나라를 외치며 불신하는 이들의 심판을 경고하는 종교지도자를 그리고 자신이 평생 걸어온 길이 정의의 길이었다며 지지자와 반대자를 선과 악으로 양분하려는 정치인을 보았다.

많은 시간이 흘러 세상에 조금씩 익숙해지고 생각이 정리될 무렵. 나는 내가 목격한 분노의 근원이 무엇이었는지를 알게 되었다. 그것은 진리였다. 너무나 확고한 하나의 진리가 세상에 등장하면 그것이 어떻게 타인을 향한 폭력으로 전이되는지를 분명히 보았던 것이다.

이 과정은 다음과 같이 도식화할 수 있다. 여기 전체집합 U가 있다. 이것은 다양한 세계를 포함하는 집합이다. 전체집합 안에는 수많은 세계관과 이야기가 뒤섞여 있다. 어느 때에 이곳에 하나의 단일한 부분집합A가 탄생한다. 집합A는 스스로를 진리로서 규정한다. 문제는 진리의 개념 자체가 보편성을 내포한다는 것이다. 즉, A는 스스로 진리임을 외치는 동시에 이렇게 믿는다. 모든 것이 A여야 한다. 다시 말해서 U=A가 되어야만 하는 것이다. 그런데 현실적 문제가 발생한다. U에는 집합 A에 포함되지 않는 이질적인 세계관 집합 B, C, D가 존재하기 때문이다. 하지만 A에게 이들의 존재는 인정될 수 없다. A에게 B, C, D의 차이는 중요하지 않다. 그들은 다만 A의 여집합. 즉 'A가 아닌 것들'로 규정된다.

이제 A에게는 역할과 의무가 발생한다. A가 진리이고 보편이며 전체이기 위해 A가 아닌 것들에 대한 제거가 필연적으로 요구되는 것이다. 본격적인 폭력이 가해진다. 폭력은 다양한 양상으로 드러난다. 회유, 유인, 강제, 억압.

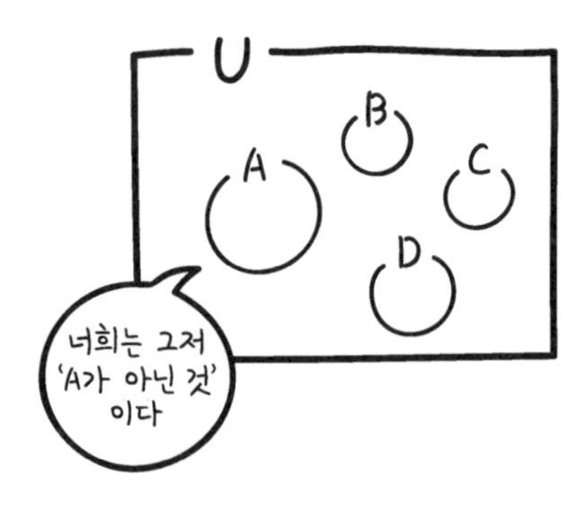

이 와중에 A의 감정 상태는 흥미롭다. 분노와 연민, 우월감과 초조함. 이것은 스스로 진리 집단이 된 존재가 진리를 전파하는 과정에서 느끼기에 적합한 감정 상태이다.

내가 말하고자 하는 것은 한국 사회에 만연한 미시적 폭력의 실체다. 학문과 종교에서, 정치와 사회에서 그리고 반복되는 일상 속에서 하나의 진리 집단이 일어서고 그것이 타자에게 어떤 영향을 행사해왔는지를 당신과 함께 돌이켜보고자 함이다.

우리는 세계를 점검해봐야 한다. 나의 세계 안에는 무엇이 있고, 밖에는 무엇이 있는지. 혹시 나는 고집스레 단일한 진리관을 움켜쥐고 빈곤하게도 이것만으로 평생을 살아가려고 작정했던 것은 아닌지를. 또한 외부의 내가 모르는 많은 것을 단순히 비진리라 규정해버림으로써 그것을 안 봐도 괜찮은 것들이라고 스스로 위안했던 것은 아닌지를. 당신이 진정으로 진리를 탐구하려는 사람이라면 점검해봐야 한다.

당신과 나 그리고 우리의 세계가 흑과 백으로 칠해진 것이 아니라, 다채로운 색깔로 빛나게 되기를 기대한다.

자본주의가 빼앗아가는 것들

현실에 대하여

나는 자본주의가 생각보다 괜찮은 체제라고 생각한다. 물론 빈부격차의 확대나 물질만능주의의 폐해 등 부정적인 측면을 간과할 수는 없다. 그럼에도 불구하고 역사 전체를 통틀어 인류에게 가장 풍요로운 시대를 선물한 것만은 사실이다. 고도의 분업화와 기계화는 수요를 넘어서는 공급을 가능하게 했고, 세계적으로 편중되어 있던 자원은 제한된 범위 내에서나마 해소되어 효율적 사용이 가능해졌다. 말도 많고 탈도 많지만, 어쨌거나 인류가 한동안은 수정하고 개선하며 사용해야 할 체제인 것만은 확실해 보인다.

다만 그럼에도 못내 아쉬움이 남는다. 그것은 자본주의가 풍요의 대가를 요구하기 때문이다. 자본주의는 우리에게서 무언가를 빼앗아 간다. 그것을 나는 이렇게 표현하고 싶다.

'생산자로서의 지위'

이게 도대체 무슨 말인가? 자본주의가 생산자로서의 지위를 빼앗아가다니? 그 반대가 아닌가? 자본주의는 우리에게 노동자라는 생산자의 역할을 강요하고 있지 않은가? 맞는 말이다. 내가 주목하는 것도 동일하다. 다만 내가 문제라고 생각하는 바는 역할의 축소와 고정이다. 자본주의는 우리에게 강요한다. 특정 분야의 제한된 역할만을 수행하라.

자본주의는 생산자와 소비자의 역할을 엄격히 구분한다. 하나의 특정 분야가 있다면 그 안에서 생산자는 전문적인 생산자의 역할로서 고정되고, 소비자는 충실히 소비자의 역할을 수행해야 한다. 이것이 아쉽다. 왜냐하면 이러한 역할의 구분이 우리에게서 너무나 소중한 것들을 빼앗아가기 때문이다. 우리는 빼앗겼다. 춤과 노래, 말과 대화, 사유와 지식을.

우선 춤과 노래를 빼앗겼다. 이제 우리는 춤과 노래의 전문가가 있음을 자연스럽게 받아들인다. 지역사회나 소규모 공동체 안에서 너와 내가 주도하는 축제는 사라졌다. 네가 노래하고 내가 춤추는 열린

장은 존재하지 않는다. 거대한 자본이 키워낸 세련되고 눈부신 연예인에게 무대를 내어주어야 한다. 오늘날 대학의 축제에 가보자. 그곳의 중앙에는 언제나 거대한 무대가 꾸며져 있고 어김없이 유명 가수들의 시간으로 채워져 있다. 무대 앞으로 빼곡하게 들어찬 의자에는 대학생들이 앉아 있다.

역할은 명확하다. 춤과 노래의 전문 생산자가 있고, 그것을 듣고 박수치며 즐겨야 하는 소비자가 있다. 이것은 이상하다. 대학의 축제이고, 학생들이 주인공이지만, 그들이 생산의 주체는 아니다.

하지만 우리는 불만을 갖지 않는다. 차라리 이렇게 생각한다. 내가 직접 춤추고 노래하는 것, 혹은 다른 아마추어의 춤과 노래를 보는 것보다 프로페셔널한 전문 가수의 세련됨을 즐기는 것이 낫다. 그렇게 너와 나의 축제는 사라진다. 이제 축제에서 가장 홍이 돋은 존재는 전문가를 앞세운 자본이 되고, 그 축제의 실제 주인공이어야 하는 사람들은 수동적인 소비자로 자리에 앉아 있어야 한다.

다음으로 말과 대화를 빼앗겼다. 이제 우리는 관계의 전문가가 있음을 자연스럽게 받아들인다. 바쁜 하루를 보낸 가족이 한자리에 모여 저녁을 먹는다. TV 속에는 입담꾼들이 나와 근황을 이야기하고 자신이 겪었던 에피소드를 흥미롭게 전달한다. TV 속의 사람들이 웃으면 TV 밖의 가족들도 웃고, TV 속의 사람들이 진지해지면 TV 밖의 가족들도 진지해진다.

역할은 명확하다. 말과 대화의 전문 생산자가 있고, 그것을 듣고 웃고 울어야 하는 소비자가 있다. 이것은 이상하다. 가족의 시간이고, 가족이 서로의 안부를 물으며 말장난을 하고 깊은 대화를 나눠야 하는 자리인데도, 그들은 말과 대화를 생산하는 주체가 아니다.

하지만 우리는 불만을 갖지 않는다. 차라리 이렇게 생각한다. 괜히 말을 섞었다가 서로 불편해지는 것보다, 혹은 어색하게 대화를 시도했다가 듣기 싫은 소리를 듣는 것보다 프로페셔널한 전문 입담꾼들의 대화와 친밀감을 즐기는 것이 낫다. 그렇게 관계는 사라진다. 이제 가족의 시간에 가장 떠들썩한 주체는 TV를 앞세운 자본이 되고, 그 자리의 실제 주인공이어야 하는 가족 구성원은 수동적인 소비자로 흩어진다.

마지막으로 사유와 지식을 빼앗겼다. 이제 우리는 인문학의 전문가가 있음을 자연스럽게 받아들인다. 미디어에 교수님이 나와서 말씀하신다. '인문학의 본질은 질문하고 사유하는 것입니다. 그렇기에 인문학은 우리 모두의 것입니다.' 하지만 아무리 둘러보아도 인문학은 모두의 것이 아니다. 소크라테스는 저잣거리에서 사람들과 대화하고 논쟁하며 자신의 철학을 개진했지만, 오늘날 우리는 소크라테스를 전공한 전문가들의 분석과 해석을 들으며 그들의 말을 받아 적는 것이 철학을 공부하는 것이라고 생각한다.

역할은 명확하다. 사유와 지식을 생산할 수 있는 권한을 가진 엘리

트 집단이 있고, 그것을 다만 받아들이고 고개를 끄덕여야만 하는 소비자로서의 대중이 있다. 이것은 이상하다. 인문학이 우리 모두의 것이고 또한 질문하고 사유하고 자신의 세계관을 창조하는 기쁨을 누려야 하는 주체는 나 자신이어야 하지만, 실제로 우리는 생산자의 역할로부터 철저히 배제되어 있다.

하지만 우리는 불만을 갖지 않는다. 차라리 이렇게 생각한다. 나는 잘 모르고 틀릴 수도 있으니까 정제되지 않은 내 생각을 말하는 것보다 프로페셔널한 교수님과 학자들이 말해주는 정답을 받아 적겠다. 그렇게 자기 인생의 주체가 되어야 하는 나는 수동적인 소비자로 남는다.

마르크스는 《독일 이데올로기》에서 자본주의가 사라진 이상적인 세계를 이렇게 묘사한다. 그 세계는 아무도 독점적인 활동 영역을 갖지 않는 세계다.

"내가 오늘은 이것을, 내일은 다른 것을 할 수 있고, 아침에 사냥 가고 오후에 고기 잡으러 가며, 저녁에는 가축을 돌보고 저녁식사 후에는 비판에 몰두할 수 있게 되어, 나는 사냥꾼이나 어부, 목자나 평론가와 같은 전문인이 되지 않고도 내가 원하는 일을 할 수 있게 된다."

나는 자본주의가 생각보다 괜찮은 체제라고 생각한다. 다만 아쉬운 것은 자본주의가 나의 생산자로서의 지위를 박탈한다는 것이다.

자본주의는 우리에게 강요한다. 특정 분야의 노동자라는 제한된 역할에 만족하라. 네 전문 분야가 아닌 곳에서는 입을 다물고 소비자로서의 역할에 충실하라. 나는 이것이 아쉽다. 왜냐하면 우리는 결국 놀지 못하고 관계 맺지 못하고 생각할 줄 모르는, 다만 소비해야 하는 존재로 밀려났기 때문이다.

우리가 우리에게 주어진 '이야기'를 점검해보아야 하는 이유가 이것이다. 사회와 종교와 경제뿐 아니라, 누군가 우리 손에 쥐어준 모든 이야기는 친절하게 세계의 모습을 드러내주는 동시에 그 이야기에 포함되지 않는 다른 세계를 은폐한다. 우리가 의심하지 않고 들춰보지 않을 때 세상은 조용하고 평온해 보일지 모르지만, 그러는 동안 우리는 자신에게 내재한 가능성을 끝내 보지 못하고, 자기 세계의 주인이 될 권리를 박탈당한다. 우리는 명심해야 한다. 이야기는 유익한 도구인 동시에 까다로운 도구이며, 만들어내는 동시에 숨기고 가리는 도구임을.

이야기를 점검해보았으니, 이제 조금 더 가까이에서 들여다보고자 한다. 이야기를 구성하는 언어에 대해 생각해볼 것이다.

언어의 두 가지 방향

언어에 대하여 1

관계에 대한 탐구로서 계획된 이 책에서 언어에 대해 말한다는 것은 의무에 가깝다. 그것은 언어가 자아의 고립을 넘어 외부의 타자에게 닿을 수 있는 거의 유일한 통로이기 때문이다. 문제는 이 통로라는 것이 좁고 거칠고 어둡다는 점이다. 이곳을 지나는 동안 모든 처음의 의도는 엉망이 되고 너덜너덜해진다. 그럼에도 불구하고 우리가 이 통로를 고집하는 이유는 그렇다고 딱히 큰 문제가 일어나는 것도 아닐뿐더러 마땅히 다른 대안도 없기 때문이다. 가끔은 말귀를 못 알아듣고 분기탱천하게 만드는 이를 붙잡아 앉히고는 자, 그림으로 그려

줄게, 하고 다른 보조 수단을 사용해보기도 하지만 어쩔 수 없이 다시 말과 글로 돌아오고야 마는 것은 이만한 소통 수단이라는 게 찾아보면 또 없기 때문이다.

이러한 언어의 한계는 언어생활을 한 지 한두 해가 아닌 우리에게 이제는 그리 큰 걱정거리가 아니다. 우리는 말과 글이 얼마나 오해의 소지가 많은지 대강이라도 느끼고 있어서, 오해를 줄이기 위해 나름대로의 노하우를 사용한다. 사람마다 갖고 있는 노하우는 천차만별일 테지만, 이를 단순화해보면 언어의 한계를 극복하는 방법은 두 가지 방향으로 나아간다. 그것은 언어의 양을 늘리는 방향과 언어의 양을 줄이는 방향이다.

실제로 그렇지 않은가? 우리는 A라는 의미를 타인에게 정확히 전달하고자 할 때 반복해서 자세히 설명하거나, 반대로 요약해서 핵심만을 전달한다. 이 두 방법은 상황에 맞게 적절하게 선택해서 사용하면 매우 효과적이다. 다만 보통은 습관적으로 하나의 방법만을 반복한다는 점에서 현실적인 문제를 일으킨다. 쉽게 말해서 우리는 두 종류의 사람을 만나게 되는 것이다. 장황하게 부연설명을 반복해서 나의 영혼까지 탈진시키는 습관을 가진 사람과, 반대로 충분히 설명해줘야 함에도 불구하고 충분히 설명해주지 않고는 나중에 왜 말귀를 못 알아 듣느냐고 나에게 화를 내는 습관을 가진 사람.

이런 사람들을 대면하고 있으면 정신은 어느새 아득해지고 영혼은 육체를 빠져나와 구천을 떠돌게 되는 듯하다. 생각해보면 잘못은 이들이 아니라 언어에 있으므로 우리는 언어의 태생적 한계와 인간의 존재론적 고립에 대해 고민해야 할 것 같지만, 막상 단순히 이들에게 화가 나는 것은 어쩔 수 없는 일이다.

상상해본다. 인간이 텔레파시를 사용할 수 있었다거나 혹은 마음과 마음이 직접적으로 연결되어 사유와 느낌과 의도가 어떠한 정보의 손실도 없이 공유될 수 있었더라면 어떠했을지. 그런 이상적인 세계에서는 인간관계의 복잡함 속에서 발생하는 수많은 고통과 불필요한 갈등이 애초에 존재하지 않을지도 모른다. 하지만 어쩔 수 없지 않은가. 우리는 이상이 아니라 현실에 살며, 언어의 불합리성을 감수하고서라도 타인에게 닿고자 하는 것을.

언어의 문제를 해결하는 두 가지 방향. 양적 증가와 양적 감소는 현실에서 다듬어지지 않은 채 나에게 부담스러운 모습으로 다가오지만, 이것이 정교하게 손질되었을 때는 가치 있는 결과물로 귀결된다. 즉, 언어의 양적 증가가 끝에 닿았을 때는 책이 되고, 양적 감소가 끝에 닿았을 때는 시가 되는 것이다.

책과 시. 이것은 상반된 방향으로 나아가지만 타인의 내면에 정교하게 다가갈 수 있게 한다는 점에서 신비하고도 독특한 도구이자 매개물이다. 우선 책부터 이야기해보자. 보통의 책이 대부분 어느 정도의 물리적인 양을 필요로 한다는 것은 그만큼 개인의 사유를 타인에게 전달하는 데 언어의 사용이 효율적이지 못함을 방증하는 것이다.

책이 쓰이는 일반적인 과정을 상상해본다. 여기 한 명의 저자가 있다. 그는 오랜 시간 자기 내면으로의 침잠과 고독 속에서 감정과 이념의 거대한 덩어리를 키워낸다. 충분한 시간이 흘러 이 덩어리가 안정되고 아름다워지면 그는 혼자만의 향유를 끝내고 타인에게도 이 기쁨을 전달하고자 마음의 동요를 일으킨다. 그러나 그는 곧 좌절한다. 타인에게 연결된 통로라는 것이 너무도 작고 하찮음을 깨닫게 되기 때문이다. 이 볼품없는 곳으로는 사유의 결과물을 밀어 넣을 수 없다. 하지만 도도한 자존심은 오래가지 않는다. 다른 방법이 없음을 알게 된다. 할 수 있는 선택이란 오직 덩어리를 잘게 부숴 통로를 향해 흘려보내는 것이다. 결국 그는 사유를 키워낸 시간만큼 덩어리를 잘게 쪼개어 보이지 않는 타자를 향해 비좁은 통로로 밀어 넣는다. 그의 사유가 거대할수록 혹은 사유를 잘게 쪼갤수록 언어의 조각은 흘러넘치고 책의 부피를 키운다.

책을 읽는다는 것. 그래서 그것은 소중하지만 동시에 답답한 과정이 된다. 독자는 통로에서 쏟아지는 언어를 정성스레 받아내지만 자신도 모르는 사이에 수많은 재료를 손실하고, 그 제한된 양으로 조각과 조각을 이어붙이며, 결국 어디까지가 작가의 것이고 어디까지가 자신의 것인지 구분할 수 없는 결과물을 만들어낸다. 하지만 그런다

한들 어떠랴. 그렇다고 딱히 큰 문제가 일어나는 것도 아닐뿐더러 마땅히 다른 대안도 없지 않은가.

다음으로 시에 대해 이야기해보자. 시 역시 책처럼 자기 내면의 사유를 타인에게 그나마 온전히 전달할 수 있는 방법이다. 엄선된 단어와 압축된 표현을 사용하는 까닭에 독자에게 전달되는 과정에서 발생하는 단어와 의미의 손실을 책에 비해 줄일 수 있다.

여기 또 다른 이, 오랜 시간 자기 내면으로의 침잠과 고독 속에서 감정과 이념의 거대한 덩어리를 키워낸 또 다른 이가 있다. 그는 충분한 시간이 흘러 이 덩어리가 안정되고 아름다워졌음을 알게 되자 혼자만의 향유를 끝내고 이 기쁨을 다른 이들과 나누려고 한다. 그 역시 곧 타인에게 연결된 작고 하찮은 통로를 발견하지만 그는 좌절하지 않는다. 대신 이 통로가 마음에 든다. 그는 통로를 쓸고 닦아서 깨끗이 한 후에, 통로에 적합하고 딱 맞는 크기로 사유를 다듬고 압축하여 보이지 않는 타자를 향해 온전히 그곳으로 굴려 보낸다. 그의 사유가 거대할수록 혹은 그가 담아내고자 한 것이 많을수록 언어는 농축되고 무거워져 시의 길이는 짧아지고 깊이는 가늠할 수 없게 된다.

시를 읽어낸다는 것. 그래서 그것은 소중하지만 동시에 답답한 과정이 된다. 독자는 통로에서 떨어지는 몇 안 되는 언어의 무게를 고스란히 받아내지만 그 단단함 안으로는 어떻게 발버둥 쳐봐도 들어갈 수가 없다. 결국 독자는 언어의 표면을 배회하며 표면에서 관찰한 제한된 정보만으로 저자의 사유와 의도를 추측해낸다. 이 시는 이제 저자의 것도 독자의 것도 아닌 것이 된다. 하지만 그런다한들 어떠랴. 그렇다고 딱히 큰 문제가 일어나는 것도 아닐뿐더러 마땅히 다른 대안도 없지 않은가.

언어의 불완전성, 언어의 태생적 한계. 어쩌면 이러한 부족함이 자유와 즐거움의 본질인지도 모른다. 우리가 책과 시를 읽는 이유, 그것이 나를 자유롭게 하고 즐겁게 하는 이유는 저자의 생각이 오롯이 나에게 주입되는 것이 아니라 내가 그것에 개입하고 재해석하고 의미를 부여할 수 있어서인지도 모른다.

그래서 역설적이게도 언어의 비좁은 통로는 열린 장이 된다. 저자와 독자는 그곳에서 만나 대화를 나누고, 각자 깊게 생각하며, 비로소 작품의 의미를 함께 부여한다.

시를 쓴다는 것

언어에 대하여 2

단어와 문장이 그 자체로 어떤 힘을 내포한다는 사실을 어렴풋이 이해했던 건 고등학생 무렵이었다. 당시의 나는 공부나 책과는 거리가 멀었다. TV나 게임에 열중하고 책은 펼쳐보지도 않으니 고등학생이 되어서까지도 맞춤법이나 띄어쓰기를 제대로 하지 못했을 정도였다. 하지만 어느 시기부터 나는 종일 시 습작에 몰두하기 시작했는데, 그것은 당시의 유행 때문이었다. 미디어의 영향이었는지 무엇 때문이었는지 기억나진 않는다. 문학소년, 문학소녀가 또래들의 동경의 대상이 되었고, 시나 소설을 쓰는 것이 자랑처럼 말해지던 시기였다.

인간은 타인의 욕망을 욕망한다고 하지 않나. 친구들을 따라 나도 센티멘탈한 감성에 취해 시를 끄적거렸다. 요즘도 그러는지 모르겠는데, 당시에는 등교시간만 되면 정문 앞에서 학원 홍보용 연습장을 나눠주었다. 그 연습장을 차곡차곡 모아 거기에 하루 종일 글을 쓰고 지우고 수정하기를 반복했다. 이 작업은 생각보다 달콤했다. 그것이 지루한 수업시간을 견디게 해주었으므로. 그전까지 나는 교실 뒤에 붙은 벽시계를 끊임없이 돌아보거나 지루함에 몸을 비비꼬아서 하루가 멀다 하고 선생님들에게 혼나는 학생이었다. 그런데 시를 쓰는 동안은 혼날 일이 없었다. 습작 노트를 펴고 그 위에 교과서를 비스듬히 얹고 가끔씩 칠판을 바라보며 생각에 잠겼다가 필기하듯 노트 구석에 써내려가면 되었기 때문이다.

이제야 당시의 선생님들이 알면서도 모른 척해주셨을 것임을 알지만, 당시의 나는 이것이 완전한 해방처럼 느껴졌다. 더 이상 교실 앞으로 불려나가 엉덩이를 맞을 필요도 없고, 지루한 시간을 고통스럽게 견딜 필요도 없었다. 글을 써본 대부분의 사람들은 알 것이다. 글이란 것이 블랙홀처럼 나의 모든 시간을 빨아들이지 않던가. 나는 하루에 대여섯 개의 시를 썼다 지웠다 반복하며 그렇게 긴 하루를 보냈다.

유행은 지나 문학에 대한 학생들의 관심은 자연스레 줄었지만 나의 작업은 고교시절 내내 이어졌다. 나는 점차 교실의 시 쓰는 장인이 되어갔다. 맞춤법과 띄어쓰기도 익숙해졌고, 구어와 문어의 차이도 알아갔다. 그리고 조금씩 이해하게 되었다. 언어가 신비하다는 것을. 단어와 문장은 신비했다. 흰색의 텅 빈 연습장 위에 하나의 단어가 드러나면, 혹은 조용한 공간에 누군가의 입에서 하나의 문장이 발화되면, 그 순간 우리의 마음은 그 언어에 사로잡히고, 의식은 그 언어를 향해 구부러지며, 결국 그 언어가 내 안에서 몸뚱이를 가진 존재자로 스스로 일어선다. 나는 언어가 그 자체로 모종의 힘을 내포하는 까닭에 많이 말하거나 힘주어 말할 필요가 없음을 알게 되었다.

말과 글은 간결해도 충분하다. 꾸미거나 덧붙일 필요가 없다. 수식어를 걷어내고 정갈하게 정돈된 언어를 정확히 구사한다면 인위적으로 노력하지 않아도 나의 언어는 타인의 가슴에 강렬하게 박힌다.

어렴풋이 드러나는 언어의 비밀을 더듬게 된 후 나의 글은 달라졌다. 그때부터 불필요한 언어를 걷어내었다. 연습장 한 페이지를 가득 채웠던 글에서 삭제해도 정보량에 변화를 주지 않는 단어들을 우선 제거하고, 비로소 글이 간소해지면 이를 다시 반복했다. 불필요한 말, 굳이 하지 않아도 괜찮은 말, 말하지 않아도 무리가 없는 말들을 골라냈다. 이러한 반복이 계속되면 어느 순간 더 이상 어떤 단어도 빼거나 옮길 수 없는 마지막 상태에 이른다. 한 단어의 수정만으로도 전체 내용의 방향이 달라지는 마지막 순간을 맞이하게 되는 것이다. 나는 이러한 끝을 글의 본질, 글의 영혼이라 생각했다. 그리고 재미있게도 글의 영혼이 동시를 닮았다고 느꼈다.

어쩌면 너무나 타당한 일인지 모른다. 언어의 본질만이 남겨진 상태가 동시가 된다는 사실은. 오랜 시간 수많은 언어에 휩쓸리고 무뎌지며 더 이상 어떤 언어에도 섬세하게 다가가지 못하게 된 어른들은 느낄 수 없지만, 아직 아물지 않은 예민한 살갗으로 민감하게 언어를 대해야만 하는 아이들에게는 언어가 가진 그 자체의 힘이 뚜렷하게 느껴질 것이기 때문이다. 아이들에게는 글의 영혼만으로 충분하다.

언어를 다듬고 정돈할수록, 시가 점차 동시를 닮아갈수록 세상도 다른 방식으로 드러났다. 일상에서 지나쳤던 거리도, 사람도, 물건들도, 보이지 않는 관계도 언어의 옷을 입고 다듬어졌으며 그대로 습작 노트 위에 옮겨졌다.

〈더덕 냄새〉

비린 봄비 내음
코 속에 모았다가

지하철 환승로
더덕 파는 할머니 앞에
살살 흘리면

더덕 내음 한 줌

흙 내음 덤 해서

바꿔줍니다

남은 고교생활 동안, 그리고 대학에 입학하고서도 한동안 나는 동시를 썼다. 지금은 그렇지 못하지만 고교시절의 나는 꾸미지 않은 언어의 힘을 섬세히 느낄 수 있었다. 그때의 시간이 얼마나 소중했는가를 생각한다. 답답하고 지루하던 교실과, 유일하게 숨 쉴 수 있는 공간이었던 하얀 연습장과, 딴 짓을 한다는 생각에 숨겨야만 했던 시와, 미묘한 불안감. 그때는 내가 무엇을 하고 있는지 알지 못했다. 사실은 내가 깨끗하고 투명한 언어의 계곡에 발을 담그고 풀꽃처럼 생을 노래하고 있었다는 것을.

나도, 당신도, 이제는 잊었지만 그렇게 시는 우리가 처음으로 세계와 이야기 나눌 수 있게 해준 좁고도 깨끗한 통로였다. 이 통로를 지키던 언어의 영혼을 당신이 다시 만나게 되길 바란다.

책을 읽는다는 것

언어에 대하여 3

책은 시와는 전혀 다르다. 언어에 섬세한 아이들일수록 시 안으로 들어서는 것이 유리한 것과는 달리, 책 안으로 들어서기 위해서는 나이와 연륜이 필요하다.

그렇기에 나는 너무 어릴 때부터 책을 읽히는 것은 도움이 되지 않을뿐더러 좋지 않은 영향을 미칠 수도 있다고 생각한다. 독서습관은 어릴 때부터 잡아주어야 한다는 확고한 믿음을 가진 한국의 부모들에게는 납득하기 어려운 말일지 모르겠으나, 어릴 때 책을 읽을 수 없는 것은 사실이다. 부모들의 욕망과 강요 때문에 아이들이 책을 집고 무슨 말인지도 모른 채 그것을 다 읽어낸 듯 행동하지만, 그것은 부모로부터 칭찬받고자 하는 심리에서 기인했을 뿐이다. 사실 그들은 아무것도 읽어내지 못했다.

왜냐하면 책을 읽는다는 것은 단어를 따라가는 행위가 아니기 때문이다. 책을 펴고 그 안으로 들어가기 위해서는 한글을 깨쳐야 하는 것이 아니라 앞선 체험이 필요하다. 독서를 위한 최소한의 조건은 한글이 아니라 선체험이다. 우리는 책에서 무언가를 배운다고 생각하지만, 실제로는 그 반대다. 우리가 앞서 체험한 경험이 책을 통해 정리되고 이해될 뿐이다.

생택쥐페리의《어린 왕자》를 예로 들어보자. 보통 이 책은 어린 시절에 읽는다. 그것은 아마도 제목에 '어린'이 들어가기 때문일 것이다. 우리는 그렇게 어린 시절에《어린 왕자》를 읽고, 성인이 되어서는 다시 펼쳐보지 않는다. 어차피 어린이용 책이고, 이미 읽어본 다 아는 내용이라 생각하기 때문이다.

기억나는 듯하다. 코끼리를 삼킨 보아뱀, 상자 속의 양, 길들여짐에 대한 여우의 이야기, 장미꽃과 유리병 등, 동화적인 상상력이 가득한 아름다운 책. 하지만 어른이 되어 이 책을 다시 읽어보면 놀라게 된다. 그것은 단순히 아이들을 위한 동화가 아니기 때문이다. 이 책은 사랑과 연애에 대한 이야기다. 어린 왕자와 장미가 나누던 대화를 기억하는가? 우리가 어린 시절에 읽었던 그 대화는 다음과 같다.

어린 왕자는 다시 돌아오게 되지 않으리라 생각하고 있었다. (중략) 마지막으로 꽃에 물을 주고, 유리덮개를 씌워줄 채비를 할 때 그는 울고만 싶었다.

"잘 있어."

그는 꽃에게 말했다.

그러나 꽃은 대답이 없었다.

"잘 있어."

그는 되풀이했다.

"내가 바보였어."

이윽고 꽃이 말했다.

"용서해줘. 부디 행복하게 지내."

그는 꽃이 비난을 퍼붓지 않는 것을 보고 놀랐다. 유리덮개를 쳐들고 그는 멍청히 서 있었다. 이렇게 잔잔하고 다정하다니 도무지 이해할 수 없었다.

"그래, 난 너를 사랑해."

꽃이 말했다.

"넌 그걸 알아차리지 못했어, 내 잘못이지. 그런 건 아무래도 좋아. 하지만 너도 나만큼 바보였어. 부디 행복하게 지내…. 그 유리덮개는 조용히 치워두고. 이젠 필요 없어." (중략)

"그렇게 꾸물거리지 마. 자꾸 마음이 쓰여. 벌써 떠나기로 결심했잖아. 어서 가."

꽃은 우는 모습을 보이고 싶지 않았던 것이다. 그렇게도 오만한 꽃이었다….

어린 시절에는 대화 이면에 놓인 미묘하고 섬세한 의미를 이해할 수 없다. 하지만 성인이 된 이후에는 그것의 의미가 즉각 다가온다. 체험 때문이다. 그 사람과의 설레던 만남, 서로의 체온 속에서 느껴지던 달콤함, 부딪치는 생각의 차이, 권태와 멀어짐. 이러한 체험 속에서 우리는 만남과 헤어짐의 의미를 이해하게 되고 눈동자는 깊어지며 내면으로 성숙해진다. 이러한 체험이 있었을 때, 비로소 책 위에 쓰인 물리적 단어의 표면을 뚫고 그 속에 담긴 의미를 길어 올릴 수가 있다. '이해'는 반드시 선후의 관계를 따른다. 이해의 앞에는 언제나 체험이 있다. 그 반대일 수는 없다.

우리가 고전에 대해 부담감을 갖게 된 이유도 여기에 있다. 종종 이렇게 묻는 사람들을 본다. '고전을 공부하는 방법은 무엇인가?', '어떻게 하면 어려운 고전을 잘 읽을 수 있는가?' 이러한 질문은 답을 생각하기에 앞서 왜 이러한 질문을 하게 되었는지를 생각해볼 필요가 있다. 이 질문은 특정 전제에서 시작한다. 그것은 고전이 어렵고 힘든 하나의 공부라는 관점이다.

하지만 정말 그런가? 이런 관점은 어디서부터 시작된 것일까? 단정적으로 말해서 나는 그것이 어린 시절부터 억지로 고전을 읽게 했던 부모의 욕망에서 기인한다고 생각한다. 체험이 부재한 아이들에게 던져진 선체험이 필요한 책은 아이들에게는 이해할 수 없고 무겁기만 한 그 무엇으로 다가올 수밖에 없는 것이다.

부모, 학교, 사회의 '다 너를 위한 것'이라는 친절한 강요. 그 속에서 고전을 접한 아이들은 단어를 따라가며 대강의 줄거리만을 꾸역꾸역 이해하지만, 그럼에도 불구하고 어른들의 칭찬 속에서 자신이 무엇인가를 성취했다는 보상을 얻게 된다. 이렇게 힘들게 고전을 접함으로써 생긴 선입견은 아이들 인생 전체에 지속적인 영향을 미친다. 이들은 이렇게 생각하는 어른이 된다. '고전은 대단하고 어려운 것이다', '거기에는 쉽게 이해할 수 없는 무언가 심오하고 높은 진리가 숨어 있다', '누군가 그것을 쉽게 읽었다면 그것은 잘못 읽은 것이다', '고전은 어렵게 읽어야만 하는 것이기 때문이다', '전문가가 해석한 것만이 고전에 대한 올바른 해석이다'.

하지만 그렇지 않다. 두려워하지 말고, 도서관에 가서 오래된 고전들을 읽어보라. 당신이 오랜 시간 책을 접하지 못한 사람일지라도, 가방끈이 짧다며 스스로를 폄하하는 사람일지라도, 혹은 먹고사는 일 외에는 별다른 신경을 쓰지 못해온 사람일지라도. 만약 당신이 자신의 삶 속에서 충분한 체험을 만들어왔다면 그 고전은 놀랍게도 쉽게 읽힐 것이다.

만약 용기를 내어 빼어든 몇 권의 고전이 생각보다 읽히지 않고 어렵게 느껴진다 하더라도 당황할 필요는 없다. 그것은 그 책이 대단한 무엇이기 때문이 아니라, 단지 그 책이 당신의 체험보다 앞서 도착했기 때문이다. 가까운 시기에 자연스럽게 도래할 당신의 체험이 언젠가 그 고전을 다시 펼쳤을 때 당신을 어려움 없이 그 안으로 들어갈 수 있게 할 것이다.

이에 대한 사례로는 마르크스의 《공산당 선언》이 적절하겠다. 이 책은 학업 성적이 우수한 중고생이나 혹은 대학생이라 해도 쉽게 읽을 수가 없다. 책에 나오는 개념어나 관념어를 알아볼 수 없기 때문이 아니다. 그 내용이 담고 있는 의미를 체험하지 못했기 때문이다. 그들은 이 책이 어려운 책이라고 느끼게 될 것이다. 하지만 당신이 오랜 시간 회사에서 일해왔다면, 혹은 자영업자로서 대기업의 횡포에 힘겨워 했다면, 혹은 부동산이나 재테크에 관심이 많아서 부가 증가하는 원리에 관심이 많았다면 이 책은 너무나도 쉽게 읽힐 것이고, 동시에 한 문장 한 문장이 당신의 가슴을 파고들 것이다. 그것은 당신이 개념어와 관념어에 익숙해서가 아니라 당신의 깊은 체험 때문이다.

현대의 노동자 계급은 일거리가 있어야만 살아갈 수 있으며, 그들의 노동이 자본을 증대시키는 한에서만 일거리를 얻을 수 있다. 이들 노동자는 다른 보통의 상품들과 마찬가지로 자기 자신을 조금씩 팔아야 하는 하나의 상품이며, 따라서 경쟁의 모든 성패와 시장의 변동에 무방비 상태로 노출되어 있다.

늘어가는 기계 사용과 분업으로 인해 프롤레타리아의 노동은 모든 자립

적인 성격을 잃었으며, 그 결과 노동자에 대한 매력도 사라졌다. 노동자는 이제 기계의 부속품이며, 그에게 요구되는 것은 오직 가장 단순하고 가장 단조로우며 가장 배우기 쉬운 기술뿐이다.

책은 불안을 잠재운다. 당신도 느꼈을 것이다. 세상 사는 일에 치이고 머릿속이 복잡하고 신경이 예민해져 있을 때, 책 읽을 겨를이 없다며 핑계 댈 것이 아니라 도서관에 가서 몇 권을 골라보자. 그리고 안 읽히는 책은 쉽게 지나쳐 보내고, 힘들이지 않고도 읽히는 책을 힘들이지 않고 읽어보자. 그 짧은 시간 동안 마음의 불안은 점차 가라앉고 머릿속의 안개는 조금씩 걷히게 될 것이다. 이유는 분명하다. 당신의 내면을 가득 채우고 있던 체험들의 엉킨 실타래가 풀리며 언어로 정리되기 때문에.

그래서 행운이다. 당신이 충분히 나이 들었다는 것은. 서른을 넘기고, 마흔을 넘기고, 노동을 하고, 사람들을 만나고, 사회의 부조리와 대면하고, 사랑하는 사람을 돌보고, 이별하고, 삶의 누추함과 고통을 이해하게 되었다는 것. 그것은 당신이 이제야 비로소 인류가 오랜 시간에 걸쳐 남겨온 보석 같은 고전들을 읽을 준비가 끝났음을 뜻하기 때문이다.

그래서 너무 어릴 때 책을 읽는 것은 도움이 되지 않는다. 아이들이 아니라 당신이 책을 펼쳐야 한다.

시와 책. 세계는 그렇게 넓은 도구의 스펙트럼을 마련해두었다. 어린 당신부터 나이든 당신에 이르기까지 우리는 그때마다 자신에게 적합한 언어의 도구를 사용해서 세계와 만나고 그와 대화하게 될 것이다.

물론 가끔은 거대한 세계의 목소리에 압도되어 자기 안의 소리를 놓치고 방황하게 될지 모른다. 하지만 결국에는 세계에서 들려오는 타인의 말과 자기 안에서 들려오는 내면의 말을 조율함으로써, 이를 등불 삼아 당신 앞에 놓인 낯선 길로 안심하고 들어서게 될 것이다.

타인의 말

언어에 대하여 4

바다로 가려는 청년이 있었다. 사막의 마을에서 자란 그는 세상의 끝에 있다는 물로 가득한 세상을 보기 위해 큰 다짐을 하고 마을을 떠난 터였다. 무성한 소문과 불확실한 안내를 따라 이름 없는 마을에 도착한 그는 바다로 가는 길을 알고 있다는 아이를 만나게 되었다. 그곳에 가보았느냐는 물음에 아이는 그러하다고 답했다. 청년의 얼굴에 기쁨이 어렸다. 하지만 그때 우연히 그 옆을 지나며 이들의 대화를 듣게 된 중년의 소몰이꾼이 가던 길을 멈추고 안쓰러운 표정으로 지혜롭게 충고해주었다. 어린애의 말을 믿고 수고로움을 감수하려 하는가? 믿을 만한 사람을 찾아가 도움을 청하면 되는 것을. 그 말을 들은 청년은 소몰이꾼에게 간청했다. 이 마을에서 가장 믿을 만한 분을 알려주십시오. 소몰이꾼은 그를 마을에서 가장 존경받는 성공한 장사꾼에게 데려다주었다.

궁궐 같은 집안으로 들어서자 청년은 마음을 빼앗겼다. 그전까지 이토록 진귀한 보석들과 아름다운 옷을 입은 사람들을 본 적이 없었다. 품위와 연륜이 묻어나는 장사꾼이 반갑게 그를 맞았다. 먼 곳에서 찾아온 손님이여, 무엇을 도와드리면 되겠습니까? 청년은 그의 대접에 감사를 표하며 바다로 가는 길을 찾고 있다고 말했다. 장사꾼이 물었다. 왜 바다가 보고 싶습니까? 청년은 대답하기 어려웠다. 다만 바다가 보고 싶었을 뿐, 왜 바다가 보고 싶은지 생각해보지 않았기 때문이다. 청년이 우물쭈물하자 그럴 줄 알았다는 표정으로 장사꾼이 입을 열었다. 사람에게는 바다가 아니라 거대한 목표가 필요합니다. 특히 가능성이 충분한 당신 같은 청년이라면 더욱 그러합니다. 내가 특별히 바다로 가는 길이 아니라 성공으로 가는 길을 알려드리겠습니다. 내가 어떻게 부를 쌓았고 어떻게 사람들의 존경을 얻었는지 당신은 알고 싶지 않으십니까? 청년은 주변을 둘러보았다. 빛나는 보물들과 아름다운 사람들. 청년은 다짐한 듯 대답했다. 저에게도 그 길을 알려주십시오.

이후로 청년은 장사꾼의 곁에서 가르침을 받았다. 그가 알려주는 대로 장사를 하고 사람을 대하고 공직을 수행하고 후진 양성에 힘썼다. 결국 청년이 성공한 장사꾼의 나이가 되었을 때, 그는 장사꾼보다 더 존경받는 사람이 되었고 평온하게 생을 마감할 수 있었다. 이 이야기는 행복하게 끝난다. 하지만 잊지 말아야 할 것이 있다. 그것은 청년이 그렇게도 보고 싶어 했던 바다를 보지 못했다는 것이다.

노량진에서 수험생을 가르쳤다. 입시가 얼마 남지 않은 시점에서도 학생들은 쉬는 시간이면 복도에 삼삼오오 모여 이야기꽃을 피웠다. 크게 소리가 날까 봐 주의하면서도 그들은 무엇이 그리도 좋은지 웃고 즐거워했다. 그 모습은 무언가 익숙하면서도 아련한 기억을 떠오르게 했다. 그 옆을 지나가다 학생들에게 물었다. 뭐가 그리 재미있는 거냐고. 학생들은 뭔가 잠시 생각하는 듯하더니 서로 눈빛을 교환하고는 다시 꾹꾹 참아 웃었다. 됐다, 알았다, 어서 들어가자, 하고 학생들을 몰아서 강의실로 들어갔다.

퇴근하는 버스 뒷좌석에 앉아 어두워진 노량진의 거리를 보고 있으면 스쳐가는 네온사인과 함께 유리창에 비치는 얼굴을 보게 된다. 더 이상 웃지 않고 즐겁지 않은 그 얼굴에게 물었다. 뭐가 그리도 재미없는 거냐고. 그리고 궁금해졌다. 내가 어른이 될 때까지 왜 아무도 나에게 어떻게 웃어야 하는지 가르쳐주지 않은 것일까.

어머니는 항상 훌륭한 사람이 되어야 한다고 말씀하셨다. 선생님은 항상 사회에 도움이 되는 사람이 되어야 한다고 말씀하셨다. 미디어는 항상 성공한 사람이 되어야 한다고 말했다. 그리고 어른이 되어 내가 그런 사람이 되지 못한다는 사실을 알게 되었을 때, 나는 초조해졌다. 나는 그런 사람이 아니다. 나는 다만 먹고살기 위해 애쓰고, 해야 하는 일들을 겨우 수습해가는 작고 평범한 사람이다. 어디서부터 잘못된 것일까. 나는 안타까운 분노 속에서 그 시작을 떠올려보려 애썼고 기억을 더듬어갔다. 그리고 알게 되었다. 어린 시절 내가 되고 싶은 사람은 훌륭한 사람도, 가치 있는 사람도, 성공한 사람도 아니었다. 나는 다만 행복한 사람이 되고 싶었다. 웃을 줄 알고 즐거워할 줄 아는 사람.

복도에 모여 있는 학생들을 생각했다. 동시에 나의 학창시절을 떠올렸다. 그때 우리는 무엇이 그리도 재미있었는지, 친구들의 말과 그들의 존재만으로도 그렇게 재미있고 즐거울 수가 없었다. 가진 것은 없었지만 풍요로운 시간이었고, 아무도 가르쳐주지 않았지만 행복할 수 있는 방법을 알고 있었다.

하지만 그때 어른들은 우리에게 묻지 않았다. 어떻게 그렇게 즐거울 수 있는지, 어떻게 그렇게 행복할 수 있는지. 대신 그들은 근엄한 표정으로 행복이 아니라 다른 것을 찾아야 한다고 가르쳐주었다. 훌륭한 사람이 되고, 사회에 도움이 되는 사람이 되고, 모든 노력을 다해서 반드시 성공한 사람이 되어야 한다고.

어느덧 그때의 어른들의 나이가 되어 버스를 타고 노량진의 거리를 지나치면서, 나는 이 이야기가 어떻게 끝맺을 것인지 알 것만 같았다. 결국 청년은 어른이 되었을 때 다른 어른들보다 더 성공하고 더 존경받는 사람이 되었고 평온하게 생을 마감할 수 있었다. 하지만 잊지 말아야 할 것은 청년이 그렇게도 보고 싶어 했던 바다를 보지 못했다는 것이다.

버스에서 내려 집으로 향하는 길에 나는 이 실망스러운 결론이 다시 쓰여야만 한다고 강하게 느꼈다. 폭풍같이 몰아치는 수많은 타인의 말을 헤치고, 그것에 마음 뺏기지 않으면서, 다만 내가 처음 가고자 했던 길을 묵묵히 걸어가야 한다고 생각했다. 그래서 이야기는 다시 쓰였다.

바다로 가고자 하는 청년은 무성한 소문과 불확실한 안내를 따라 이름 없는 마을에 도착했다. 그는 바다로 가는 길을 알고 있다는 아이를 만나게 되었다. 그곳에 가보았느냐는 물음에 아이는 그러하다고 답했다. 청년의 얼굴에 기쁨이 어렸다. 하지만 그때 우연히 그 옆을 지나던 중년의 소몰이꾼이 안쓰러운 표정으로 지혜롭게 충고해 주었다. 어린애의 말을 믿고 수고로움을 감수하려 하는가? 믿을 만한 사람을 찾아가 도움을 청하면 되는 것을. 그 말을 들은 청년은 소몰이꾼의 충고에 감사함을 전했다.

하지만 더 이상 그 어떤 것도 소몰이꾼에게 청하지 않았다. 대신 청년은 아이에게 부탁했다. 나에게 훌륭한 사람이 되는 길, 가치 있는 사람이 되는 길, 성공한 사람이 되는 길이 아니라 네가 알고 있는 행복한 사람이 되는 길로 안내해다오.

내면의 말

언어에 대하여 5

타인의 말에 휘둘리지 않는 사람은 고독하다. 이들은 고독 속에서 자기 안으로 침잠해가며 두려움을 느낀다. 그것은 그들이 내면의 소리를 듣기 때문이다. 깊은 사유와 기도와 명상과 침묵 안으로 끝없이 내려가는 자들. 아무것도 있을 리 없는 그곳에서 그는 도대체 무엇과 관계 맺으며, 누구의 얼굴을 대면하고 있는 것일까.

그것은 결국 죽음일 수밖에 없다. 부재, 불가능, 존재하지 않음, 무無. 왜냐하면 그는 세계의 끝까지 걸어간 것이기 때문이다. 그는 자기 내면의 심연에 닿고, 지평의 경계에 선다. 그리고 더 이상 나아갈 수 없는 첨단尖端에 서서 한 걸음을 더 내딛으려 한다. 그는 이제 볼 수 없는 것을 보려 하고, 들을 수 없는 것을 들으려 하며, 관계 맺을 수 없는 것과 관계 맺으려 하는 것이다. 거기에는 자신의 죽음, 그것 외에는 아무것도 없다.

그는 결국 죽음을 불러낸다. 시간을 뛰어넘어 세계의 끝에 있는 미래의 나, 늙고 초라하며 최후의 순간을 눈앞에 둔 자기 자신을. 그는 묻는다. 말하라. 최후의 나여. 나의 모든 인생을 경험했고, 그래서 이제 충분히 지혜로워진 입으로 대답하라. 이제 나는 무엇을 해야 하는가. 무엇을 지키고, 무엇을 버리며, 어디로 가야 하는가.

보통 때 우리가 내면의 말을 듣지 못하는 까닭은 세상이 언제나 떠들썩하고 너무나도 많은 말이 넘치기 때문이다. 하지만 내면의 목소리는 처음부터 내 안에 있었다. 다만 그것은 세계의 끝, 죽음으로부터 울려오는 까닭에 젊은이에게는 너무 멀어 닿지 않고, 나이든 이들에게는 너무나 가까워 그들을 초조하게 한다. 그것은 슬픈 일이다. 출발하는 이에게는 필요한 지도가 주어지지 않고, 결국 엉뚱한 곳에 도착한 이에게는 처벌처럼 주어진다는 비극.

하지만 어느 비일상적인 때가 되면 젊은이에게도 내면의 목소리는 크게 들려온다. 느슨하던 정신이 깨어나는 때, 오랜 시간 정성들이고 기대하던 모든 것이 무너지고 나에게 남은 것이 아무것도 없다는 허탈함과 다급함이 나를 엄습하는 때, 분노와 슬픔 속에서 서늘함을 느끼는 때, 그래서 결국 깊은 고독 속으로 홀로 침잠해야만 하는 때가 도래하면 우리는 내면의 목소리를 뚜렷하게 듣게 된다.

세상의 번잡함과 소란스러움이 가라앉고 사방이 고요해지는 시간. 목소리가 말한다. 그것이 아니다. 내가 진정으로 원하던 것은, 그것이 아니다.

이제 지혜로운 입이 열린다. 늙고 초라한 노년의 내가 현재의 젊은 나에게 답한다. 지금 너에게 중요한 것, 그것은 지금의 나에겐 중요하지 않다. 지금의 너는 눈앞의 것들에 마음 쓰고 있다. 네 앞에 서 있는 자들과의 경쟁과, 너의 젊음으로 교환한 화폐와, 타인의 시선과, 체면과 평판. 하지만 그런 것들은 병상에 누워 남은 시간을 가늠하는 나에게는 조금도 기억나지 않는다.

다만 마지막 순간에 이르러 내가 못내 아쉬운 것은, 왜 그렇게 하지 못했을까 슬픔과 후회 속에서 안타까워하는 것은, 지금의 네가 하찮다고 느끼는 것들이다. 하찮은 이들. 가족, 친구, 나를 사랑해주던 이들. 나는 그때 그들을 돌보지 않았다. 왜 그때는 세상이 그렇게도 거대해 보였는지. 세상의 눈치를 보고 그들의 비위를 맞추는 동안, 나는 사랑하는 이의 손을 잡지 못했고, 그의 맑은 눈동자를 마주하지 못했다. 행운처럼 주어진 맑은 계절에 함께 걷지 못했고, 흐려지는 날이면 함께 울지 못했다. 나는 이제야 이렇게 생각한다. 한 번의 기회가 주어진다면, 잠시나마 그때로 돌아갈 수 있다면, 나는 다른 것이 아니라 아름답던 그의 얼굴을 보고, 그의 손을 잡고, 서로의 어깨에 기댈 것이다.

우리의 내면에는 언어가 떠돈다. 너무나 많은 말이 서로 다른 방향을 가리키고, 세상의 풍요와 화려함을 좇아보라며 나를 흔든다. 하지만 눈을 감아 세상의 화려함을 차단하고 귀를 닫아 세상의 들뜸을 가라앉히면 아득히 먼 곳으로부터 목소리를 듣게 된다. 그 목소리는 존재하지 않는 곳에서부터, 세상의 끝으로부터, 죽음으로부터 들려온다.

목소리에 귀를 기울인다. 죽음 가까이에 도달한 먼 미래의 나의 목소리에, 최후의 순간을 눈앞에 두고 있는 나의 목소리에. 그때의 나는 지금의 나에게 무엇을 말하고 있는가? 주어진 인생 전체를 충분히 경험하고 마지막에 이르러 비로소 지혜로워진 입으로, 지금 젊음에 휘둘리고 있는 나에게 무엇을 해야 한다고 말하고 있는가?

"기억해야 할 것이 있다. 나에 의해 구성된 이야기는 나의 세계의 진실성을 방영할 뿐이다. 그것은 타자의 세계를 재단하는 기준이 될 수 없고, 세계 전체를 기술하는 보편적 진리가 될 수 없다."

의미

"여행자: 그래서 이것이 모든 나라는 존재의 숙명이다. 여기에 이유나 목적이 있는지는 알 수 없다. 다만 확실한 것은 우리가 상상할 수도 없이 지루하고도 긴 무한이라는 시간 동안 이 우주에서 저 우주로 눈뜨고 휘둘리며 여행할 것이라는 점이다. 우리는 얼마나 많은 세계를 여행하다 이곳에서 이렇게 만나게 된 것일까."

꿈이
삶을 가르친다

꿈에 대하여

꿈을 많이 꾸는 사람들이 있다. 거의 매일 밤 꿈꾸는 것도 모자라 하룻밤 새에 서너 번씩 꿈에 시달리는 사람들. 나도 그런 사람 중 하나다. 이것은 매우 피로한 일이다. 때로는 밤새 걷고 뛰고 헤엄치고 스키 타고 토론하고 논쟁하다가 아침에 눈을 뜨자마자 너무나도 피로해서 좀 쉬어야겠다고 생각할 정도다. 부정할 수 없이, 온몸을 통해 분명하게 느껴지는 피로함.

물론 이것이 육체에서 기인하는 것이 아님은 확실하다. 곰곰이 생각해보면 그것은 육체가 아닌 심리적 탈진에 가깝다. 밤새 꿈속에서 휘둘리고 마음 쓰는 가운데 지치고만 것이다.

그렇다고 꿈을 꾸는 시간이 싫은 것만은 아니다. 그 시간 속에서 많은 것을 배운다. 기나긴 꿈에서 깨어난 날, 눈을 뜨고 이불 위에 그대로 누워 있으면 심장 언저리에 남아 있는 격정적인 감정의 잔상을 느낄 수가 있다. 그 감정이 천천히 사그라지는 동안 꿈속의 이야기를 복기해본다. 그러면 현실의 내가 경험해보지 못한 인간관계의 다양한 양상과 낯선 상황에서의 감정적 동요를 이해하게 된다.

노예일 때의 억울함과, 지배자일 때의 자만과, 미로를 헤맬 때의 답답함과, 머리 위로 포탄이 떨어질 때의 숨막히는 공포와, 파이프 관을 통해 시간 여행을 할 때의 긴장감이 실제로 어떠한지를 알게 되는 것이다. 현실에서의 상상만으로는 결코 느껴볼 수 없는 격렬한 감정의 소용돌이가 생생하게 체험된다. 그래서 꿈을 꾼다는 것은 피로한 동시에 설레는 일이다.

이렇게 격정적인 체험은 실제 현실에도 분명한 영향을 미친다. 현실에서의 경험만큼 꿈속에서의 경험이 나의 영혼에 깊은 흔적을 남기는 것이다. 기억에 남는 여러 꿈들 중에서 나에게 큰 영향을 준 꿈을 들려줄까 한다. 그것은 러시아를 여행하는 꿈이었다.

거리에는 소복하게 눈이 쌓여 있었고 아무도 밟지 않은 상태였다. 나는 이것을 밟아도 될지 조심스러웠다. 그리고 고개를 돌려 뒤를 돌아보았다. 러시아 양식의 건물들이 시야에 들어왔다. 그 위로 너무나도 선명한 하늘이 파랗게 빛나고 있었다. 화창한 날이다. 나는 생각했고, 기분이 좋아졌다.

눈에 덮인 거리를 걸었다. 나의 발자국을 보았고, 양 옆으로 늘어선 이국적인 건물들을 구경했다. 얼마나 걸었을까. 날이 춥다고 생각했을 무렵 한 남성을 만났다. 그는 친절하게 나를 자신의 집으로 초대했다. 나는 내가 러시아어를 할 줄 모른다는 사실을 걱정했다.

화려하게 장식된 흰색의 계단을 빙빙 돌아 위층으로 올라갔다. 그곳은 안락한 다락방이었다. 알록달록한 실로 수놓아진 카펫과 오래되었지만 깨끗한 가구들을 보았다. 담요를 뒤집어쓰고 몸을 녹였다. 오래된 직물의 냄새가 났고, 포근했다. 그때 계단을 따라 올라오는 발자국 소리가 들렸다. 손잡이가 달린 냄비를 들고 집의 주인이 나타났다. 그가 건넨 냄비 속에는 삶은 달걀과 야채를 함께 구운 따뜻한 음식이 담겨 있었다.

냄비를 받아들었을 때, 나는 너무나 안타까웠다. 그의 친절에 내가 몹시 고마워하고 있음을 전하고 싶었지만 나는 러시아어를 모르니 그것을 전달할 방법이 없었던 것이다. 그렇게 따뜻함과 안락함과 고마움과 안타까움이 내 마음에 깊게 스며들었다.

눈을 뜬 상태로 한참을 누워 있었다. 긴 여행에 지친 것만 같았다. 심장 근처에 남은 아련함이 느껴졌다. 그리고 이내 슬퍼졌다. 꿈이었다니. 그렇게 마음을 썼는데, 실제로는 아무것도 없었던 것이다. 눈이

내린 러시아의 거리도, 화창한 하늘도, 흰색의 계단도, 담요도, 음식도, 그의 친절도, 처음부터 없었던 것이다.

이때의 강렬한 체험과 허망함의 감정은 며칠을 두고 지속되었다. 그리고 점차 감정의 농도가 옅어졌을 무렵 나는 이해하게 되었다. 두 세계가 다르지 않다는 사실을.

꿈과 현실이라는 두 가지 세계는 동일한 것일지 모른다. 꿈속에서 마음 썼던 감정들이 꿈에서 깨어남과 동시에 아무것도 아닌 것이 되는 것처럼, 현실에서 집착하던 감정들은 죽음과 함께 아무것도 아닌 것으로 사라지고 말 것이다. 꿈이 아무런 기반도 없는 환영인 것처럼 현실도 실제로는 아무런 기반을 갖지 않는다.

이 견고한 현실 세계는 어쩌면 꿈처럼 처음부터 없었던 것일지도 모른다. 먹고살기 위해 애쓰고 타인과 경쟁하며 간신히 움켜쥔 작은 결실들. 그 가운데 운명처럼 만난 사랑하는 사람들과, 그들과 함께 만들어온 집착과 싫증과 오해들. 이렇게 인생을 살아가며 쌓아가는 기억과 감정은 내가 눈 감는 날 나의 소멸과 함께 우주에서 사라질 것이다. 몇 점의 초라한 물질적 흔적만을 남긴 채로.

그래서 허망한 것일까. 우리가 알고 있기에. 이렇게 마음 쓰고 있는 현실도 끝과 함께 사라지고 만다는 근원적인 진실을 우리가 대면하고 있기에 말이다. 그렇기에 허망함의 감정이란 일상 속에서 가끔씩 나타나는 불안정한 마음 상태가 아니다. 허망함은 존재론적이고 본질적이다.

꿈은 매일 우리를 가르친다. 아무것도 없음을. 실체도, 기반도, 남는 것은 없다. 하지만 그렇다고 해서 나쁜 것만은 아니다. 삶이라는 꿈에서 깨어나는 순간, 이곳과는 다른 곳에서 꿈은 또 다시 이어질 것이고, 우리는 다시 한 번 허구의 세계 속에서 휘둘리고 마음 쓰는 가운데, 이곳에서의 허망함을 기억하지 못하게 될 테니 말이다.

상실과 소멸이 우리를 일으켜준다

죽음에 대하여

고따미는 전에 죽음을 본 적이 없었기에, 그녀의 하나뿐인 아들이 걸음마를 할 즈음에 죽자 아이를 들쳐 업고는 약을 구하러 이 집 저 집을 헤매었다. 가녀린 그녀가 실성한 채 마을을 돌아다니자 마을 사람들은 혀를 찼다. 이 모습을 보고 어떤 현명한 이가 그녀를 붙잡고 이렇게 말해주었다. 여인이여, 나는 아이를 살릴 방법을 모르지만, 그것을 아는 분을 알고 있습니다. 그러고는 그녀를 붓다께 데려갔다.

슬픔 속에서 애원하는 그녀에게 붓다께서 말씀하셨다. 가서 겨자씨를 구해오라. 그것을 아이에게 먹이면 병이 나을 것이다. 너무나도 쉬운 처방에 고따미는 냉큼 일어나서는 겨자씨를 구해오기 위해 나서려 했다. 그런 그녀에게 부처께서 한 가지 조건을 덧붙였다. 다만 겨자씨는 단 한 사람도 죽은 이가 없는 집에 가서 구해와야 한다.

고따미는 첫 번째 집으로 가서 겨자씨 한 줌을 부탁했다. 집주인이 겨자씨를 주었다. 고따미가 물었다. 이 집에 혹시 누군가가 죽은 적이 있나요. 집주인은 그렇다고 대답했다. 고따미는 실망했다. 두 번째 집에 갔다. 이 집에 혹시 누군가 죽은 적이 있나요. 집주인은 그렇다고 답했다. 세 번째 집, 네 번째 집. 다섯 번째 집. 마을의 모든 집을 헤매느라 해가 지고 밤이 되었을 때, 실망과 분노와 안타까움과 슬픔 속에서 고따미는 조금씩 이해하게 되었다. 슬픔은 나만 짊어지고 있던 것이 아니었구나. 나만 아들을 잃은 것이 아니라 모든 집이 사랑하는 사람을 잃었구나.

그녀는 시체 버리는 곳으로 가서 업고 있던 아이를 내려놓았다. 차갑게 식은 몸을 끌어안고 어찌할 바를 모른 채 소리 죽여 한참을 울었다. 그리고 떨어지지 않는 발걸음으로 붓다께 돌아왔다. 붓다께 삼배를 올리고 아무 말 없이 그저 한쪽에 서 있었다.

겨자씨를 구했느냐. 붓다께서 물으시자 그녀는 그렇지 못하였다고 대답했다. 그녀는 대신 자신이 알게 된 것을 말했다. 모든 존재는 언젠가 죽는다는 것과 인생이 무상하다는 것을 알았습니다. 붓다께서 고따미의 출가를 허락하자, 그녀는 그렇게 비구니가 되었다.

고따미를 생각한다. 해가 저물어 시체 버리는 곳으로 걸어가서는 온종일 들쳐 업고 있던 아이를 내려놓을 때의 마음을 생각한다. 이어져 있던 끈이 점차 가늘어지고 끊어져가는 것을 느끼며 고따미는 어떤 생각을 했을까. 죽음이 안타까운 건 그것이 개체의 소멸이기 때문이 아니라, 어쩌면 관계의 끊어짐 때문이리라. 인생이라는 시간 동안 한 올 한 올 정성스레 짜낸 관계의 직물은 죽음과 동시에 올올이 풀리고 흩어져 사라지고 만다. 타자와 맺었던 이어짐도, 세계와 맺었던 이어짐도, 그들 사이를 오고갔던 말과 글도, 침묵과 허망함 속으로 가라앉고, 남은 자들의 가슴에는 뜯겨나간 상흔만이 깊게 남는다.

그래서 세상이 친절하게도 죽음을 사회에서 몰아내고 일상의 기억에서 지워주는 것은 고마운 일인지도 모른다. 자본주의의 세련됨 속에서 우리는 죽음의 그림자로부터 벗어나 위안을 얻는다. 자본주의에 죽음은 없다. 지속적인 성장과 풍요의 약속이 있고, 모든 재화와 서비스는 변함없는 내구성과 영원성을 보장한다. 모든 것은 고장 나기 전에 교체되고, 늙고 병들기 전에 대체된다. 가장 까다로운 인간의 노화와 죽음까지도 병원과 장례식장이 체계적이고 효율적인 처리를 통해 이용자들의 수고와 피로를 대신해준다.

자본주의가 죽음을 사회에서 몰아낼 수 있는 것은 이것이 우리의 이익에도 부합하기 때문이다. 우리는 죽음을 보고 싶지 않고, 슬픔을 지속하고 싶지 않다. 침묵과 슬픔에서 한시라도 빨리 벗어나 자본주의의 세련되고 영원한 세계에 계속해서 머물고 싶다. 다행이지 않은가. 비용에 비해 편의는 크고, 산 사람은 어쨌든 계속 살아가야 하니.

하지만 그러는 동안, 우리가 보고 싶지 않은 것을 보지 않고 느끼고 싶지 않은 것을 느끼지 않는 동안, 우리는 죽음의 필연적 도래를 망각하고, 끝과 소멸에서부터 들려오는 나의 목소리를 듣지 못하게 된다. 그래서 문제가 된다. 나의 죽음과 끝과 소멸이 비로소 나를 깨우치고 일으켜 세워주기 때문에. 고따미가 죽음의 보편성을 이해함으로써 개인의 고통을 끝내고 자기 삶의 옳은 방향을 정할 수 있었던 것처럼.

그래서다. 자본주의의 친절한 방해를 넘어서서 오늘날의 현대인이 죽음이라는 탐탁지 않은 대상과 마주해야 하는 이유, 나와 당신이 아무도 말해주지 않는 끝과 소멸에 대해 말해야 하는 이유는. 그것은 나와 타자, 나와 세계가 어떻게 관계 맺고 어떤 의미를 갖는지가 죽음을 통해서야 비로소 드러나기 때문이다.

고따미가 죽음의 얼굴을 대면하고 그 너머를 보았던 것처럼, 우리는 불편을 감수하고 상실과 소멸에 대해 말해볼 것이다.

죽음이 무르익어가는 과정을 지켜본다는 것

7

노화에 대하여

자기 관리를 못하는 나는 벌써부터 여기저기가 아프기 시작하는데, 중년을 넘긴 지혜로운 분께서 앞으로는 고장 나는 부분을 고쳐가며 살아야 할 것이라고, 이제 여기저기 아픈 곳이 더 많아질 텐데 그때마다 나에게 이런 신체기관이 있었구나 하고 새삼 느끼게 될 것이라고, 겁을 주셨다. 이런 말을 들어서인가 오늘따라 기력은 더 쇠한 것만 같고 거울에 비친 흰머리는 더 늘어난 것만 같다. 머리 사이사이 흰머리를 들춰보며 생각한다. 원래 그런 것인가. 인간의 삶이라는 건 꽃피우는 시간은 잠깐이고 하나둘 잃어가는 시간은 오래인 것인가.

잃어간다는 것. 매번 경험하면서도 그때마다 새롭고 적응되지 않는 이 사건들은 왜 이리도 삶의 후반부에 많이 준비되어 있는 것일까. 우리의 삶을 계획한 그 최초의 의지는 도대체 우리가 상실 속에서 무엇을 배우기를 기대했기에 잃어가는 시간을 이리도 오래 준비해둔 것일까.

약속이라도 되어 있던 것처럼 하나둘 잃어갈 것이다. 젊음, 건강, 활력, 감각, 기억, 가족, 친구, 배우자, 사랑하는 사람들. 움켜쥐었던 강물은 손가락 사이를 힘없이 빠져나가고 정성과 집착으로 쌓아올린 모래성은 바람에 야위어갈 것이다.

거울에 비친 흰머리를 들춰보다 말고 그대로 주저앉아 그 길고 적막한 시간을 상상한다. 세상이 더 이상 나를 필요로 하지 않고, 나는 그저 버려진 의자처럼 방치된 채 보이지 않는 끝을 향해 천천히 낡아가는 시간을. 그 평온하고 지루한 시간에 나는 더 이상 누구와도 공유할 수 없는 추억의 조각들을 홀로 이어붙이며, 손대지 못했던 것들에 대한 아쉬움과 손대었던 것들에 대한 후회 속에서 침잠하고 있겠지.

이런 이야기를 들은 적이 있다. 어떤 할머니들은 외출했다가 집에 돌아와서는 자기 냄새를 맡아본다는. 아무도 자신에게 관심을 갖지 않는 이유가 혹시나 몸에서 냄새가 나서는 아닌지 확인해본다는 것이다. 모든 상실의 과정이 결국 나의 상실로 귀결되는 것이었다는 이

받아들이기 힘든 쓸쓸함. 한때 우리는 세상의 주인공이었고 때로는 세상의 관심이 귀찮다고 느꼈었지만, 세상은 언제 그랬냐는 듯 소모되어가는 우리를 그대로 방치할 것이다.

외할아버지를 생각한다. 외할아버지는 독거노인이 되었다. 아흔이 다 되셔서도 그 많은 자녀 각각의 번잡한 가정사 때문에 홀로 식사를 하고 잠자리를 챙기신다. 가끔 찾아뵐 때면 더 왜소해지셨다고만 생각될 뿐 별다를 것 없는 모습인데, 언제나 티브이를 마주하고 앉아서는 프로레슬링 경기를 보고 계신다. 체육 선생님이었던 외할아버지는 이제는 보청기도 소용없을 만큼 들리지 않는 귀로 티브이 소리는 최대한 줄인 채, 종일 두꺼운 남자들이 서로를 들쳐 업고 내던지는 장면을 보고 계신 것이다.

물론 십여 년이 훌쩍 지난 이야기지만, 외할머니가 살아계실 때만 해도 외할아버지는 정정하셨다. 발이라도 닿고 있어야 잠이 드신다던 그 고운 외할머니가 돌아가시기 3일 전에 외할아버지는 더 이상 눈물도 나지 않는 눈을 껌뻑껌뻑하며 우셨다. 군에서 겨우 휴가를 내어 도착했을 때, 외할머니의 모습은 낯설었다. 얼굴은 그대로인데 팔다리는 너무나 말랐고, 복수가 찬 배는 이불을 덮어둔 상태에서도 눈에 띄게 솟아 있었다. 단 것이 드시고 싶다는 말에 자리를 지키던 친손녀는 초콜릿을 떼어 더 이상 이를 닦을 이유가 없는 입속으로 넣어드렸다.

죽음이 하나의 지점이 아니라 과정임을 이해한 건 그때였다. 삶이 끝나고 죽음이 오는 것이 아니라, 매우 길고도 지루한 시간 동안 삶 위로 죽음이 쌓이고 중첩되어 무르익어가는 것이라는 사실을.

완전한 죽음을 지켜보지는 못했지만 외할머니가 외할아버지에게 했던 말은 기억한다. 먼저 가 있을 테니 빨리 따라 오라는. 하지만 그 힘겨운 목소리를 겨우 들으면서도 외할아버지는 아무 말이 없으셨다. 나는 그때 이것이 이상하다고 느꼈다. 왜 그렇게 하겠노라고 대답하지 않으셨던 것일까. 십여 년이 지나 왜소해질 대로 왜소해진 외할아버지의 뒷모습을 보며 이제야 그 이유를 알 것도 같다. 아셨던 것이다. 어떻게 그럴 수 있는지 나는 도저히 알 길이 없지만, 외할아버지는 자신에게 남은 시간을 아셨던 것이다.

그렇게 외할아버지는 독거노인이 되었다. 두꺼운 남자들이 엎치락뒤치락하는 모습을 보며 외할아버지는 자신에게 주어진 고독하고 외로운 시간을 덤덤히 수용하고 있었다. 나는 아직도 궁금하다. 물론 이것은 외할아버지에게 물을 수도 없는 문제임을 안다. 그럼에도 불구하고 궁금하다. 무엇이 외할아버지로 하여금 여기에 남아 있게 하는지. 무엇이 그 상상하기 어려운 길고도 외로운 시간을 반복하며 아무것도 남지 않은 이 위태로운 생을 천천히 이어가게 하는지.

나는 언제나 이렇게 생각해왔다. 밤이 되는 건 괜찮으나 날이 저무는 것이 아쉬울 뿐이라고. 죽음이 두려운 것이 아니라 늙어가는 시간이 쓸쓸할까 걱정될 뿐이라고. 그런데 문득, 부쩍 늘어난 흰머리를 이리저리 들춰보다 말고 생각했다. 어쩌면 그렇지 않을지도 모른다. 날이 저무는 것을 지켜보는 것도 생각보다 괜찮을지 모른다. 노을이 지는 것도, 움켜쥐었던 강물이 손가락 사이를 힘없이 빠져나가는 것도, 정성과 집착으로 쌓아올린 모래성이 바람에 야위어가는 것도, 약속이라도 되어 있는 것처럼 모든 것을 하나둘 잃어가는 것도 생각보다 가치 있고 의미 있는 과정일지 모른다.

지금은 알 수 없지만 더 많은 시간이 흐른 후에 이해하게 될, 그 어떤 약속에 대해서 나는 기대해보기로 했다.

팔라우의 해파리로 산다는 것

환생에 대하여

팔라우는 태평양의 서쪽, 필리핀의 동남쪽에 위치한 작고 아름다운 섬나라다. 전체 면적이라고 해봤자 서울의 4분의 3 정도 크기이고, 인구도 2만 명을 조금 넘을 뿐이다. 2만 명이면 서울의 한 동 정도의 숫자다. 이렇게 객관적 수치만으로도 작은 나라이다 보니, 작은 나라들이 겪어야 했던 근현대 역사의 수난을 고스란히 감내하기도 했다. 우선 16세기에 팔라우는 스페인의 식민지가 된다. 그러다 20세기 초가 되면 독일이 스페인으로부터 이 섬나라를 구입한다. 제1차 세계대전 이후 일본의 통치 아래로 들어가고, 제2차 세계대전 이후에는 미국이 점령한다. 독립국가로 인정받은 것은 1994년에 이르러서다.

내가 팔라우에 대해 관심을 갖게 된 계기는 이 섬 깊이 자리 잡고 있다는 해파리 호수 때문이었다. 해파리 호수는 이름 그대로 해파리들이 살고 있는 호수다. 지금으로부터 1만2천 년 전에 섬의 일부가 해양 밑에서 융기하면서 바다를 가두었고, 천적이 사라진 이 제한된 공간을 해파리들이 장악한 것이다. 오랜 시간 천적을 만나지 못한 해파리들은 점차 독성을 잃어버렸고, 지금처럼 호수 속을 그저 둥둥 떠다니며 살게 되었다.

해파리가 둥둥 떠다닌다니. 말로만 들으면 무언가 징그러운 이미지를 떠올릴 수도 있겠지만, 사실은 그렇지 않다. 플랑크톤이 풍부해 에메랄드 색으로 빛나는 호수를 배경으로, 노란색의 반투명한 해파리 무리가 평화롭게 헤엄치고 있다. 그 장엄한 광경은 마치 검지 않은 우주 공간의 별들 같기도 하고, 혹은 누군가를 공격해보지 않고 죽은 존재들이 마침내 도달하게 되는 세계인 듯도 하다.

그래서인지 모른다. 해파리 호수가 팔라우에 있는 이유는. 우주의 시작과 끝이라는 그 길고도 외로운 시간을 관통하여 전체를 조망할 수 있었던 최초의 의지가 티끌처럼 보잘 것 없는 지구의 한 구석 작은 섬나라에 신비의 공간을 숨겨둔 이유 말이다.

내가 해파리 호수에 대해 알게 되었을 무렵, 이렇게 묻는 사람이 있었다. 다시 태어난다면 누구로 태어나고 싶은가? 나는 누군가가 아니라 팔라우 섬의 해파리로 태어나고 싶다고 말했다. 그는 웃었지만 나는 진심이었다. 그 자리에서 자세한 설명은 하지 못했는데, 이후에도 나는 가끔 호수 속을 떠다니는 해파리의 마음을 상상해보곤 했다.

우리는 타자의 내면을 들여다보는 방법을 알지 못하는 까닭에 그가 가진 외적 조건만으로 모든 것을 평가하려는 습관을 갖는다. 사회적 지위를 획득한 자는 그의 내면도 훌륭할 것이라 믿고, 험한 일을 하는 자는 그의 내면도 보잘 것 없을 것이라 믿으며, 나에게 고개 숙이는 자는 그의 내면도 나약할 것이라 믿고, 내가 고개 숙여야 하는 자는 그의 내면도 강인할 것이라 믿는다. 그가 입은 옷, 그의 학벌, 직업, 지위, 경제력. 그 외에 우리가 타자에게서 볼 수 있는 것은 없다.

물론 어쩔 수 없는 일이다. 우리의 눈은 대상의 물리적 표면에만 머물고, 각자가 가진 내면세계는 언제나 자기 자신에게만 열리기 때문이다. 우리가 외부에 집착하는 것은 우리가 나쁘고 못난 존재이기 때문이 아니라 생물학적인 인간으로 태어났다는 태생적인 한계 때문이다.

해파리의 내면세계를 상상해보곤 한다. 독성 하나 갖지 않은 연약하고 보잘 것 없는 단백질의 몸뚱아리. 그것 안쪽으로 우리에게 결코 드러나지 않을 그의 깊은 내면세계를. 아침 해를 따라 동쪽 수면을 떠다니다가 저녁 해질녘 서쪽 수면으로 떠밀려가, 밤의 슬픔과 새벽의 환희를 반복하는 단순하고 심오한 일과. 그들은 우리가 상상할 수 없는 너무나도 화려하고 격정적이며 놀라운 세계를 경험하고 있을지 모른다. 빛이란 눈으로 보는 것이 아니라 내면세계의 본질적 특성이기에, 그들의 세계는 빛의 폭발과 어둠의 수축과 찬란한 빛의 소용돌이로 뒤섞여 있을지도. 우리의 제한된 시야에는 단순하고도 투명한 외피만이 보일 뿐이지만 말이다.

그래서 그렇게 대답한 것이다. 다시 태어난다면 팔라우의 해파리로 태어나겠다고. 누구도 공격하지 않고, 누구도 위협하지 않고, 다만 자신의 찬란한 내면세계 속에서 짧은 시간이나마 격정적으로 살아내고 싶었기에.

팔라우의 해파리 호수. 나는 아직 그곳에 가보지 못했다. 하지만 아쉽지 않다. 에메랄드 색으로 빛나는 호수와 황금색 해파리들의 물결을 보고 싶지 않은 것은 아니지만, 내가 진정으로 보고자 하는 그들의 내면세계는 거기 도착한다고 해서 볼 수 있는 것이 아님을 너무도 잘 알기 때문이다. 그들의 내면세계를 경험할 기회는 이번 삶을 충분히 아름답게 살아낸 이후에야 비로소 선물처럼 주어질는지, 알 수 없다.

당신이 언젠가 팔라우의 해파리 호수 앞에 서게 되었을 때, 그들의 투명한 신체 안으로 펼쳐진 광활한 세계를 상상해보기를 바란다. 그리고 그때 당신 삶의 심오한 질문에 답할 수 있기를 바란다. 질문은 이것이다.

그래서 당신은 무엇으로 태어날 계획인가?

끝나지 않을 노래를 부른다는 것

영원에 대하여

1883년, 터키의 아이딘 지방에서 잘 다듬어진 원통형 비석이 발견되었다. 비석에는 고대 그리스 문자가 음각으로 새겨져 있었다. 분석 결과 기원전 200년 무렵에 만들어진 것으로, 노래 가사와 연주할 수 있는 표식이 적혀 있는 악보임이 확인되었다.

누가 그리고 왜 만들었는지, 남아 있는 표식만으로는 확인하기 어렵지만 아마도 세이킬로스라는 남자가 죽은 아내를 위해 만들었을 것으로 추측되고 있다. 그 근거는 비석에 남아 있는 글귀 때문인데, 이렇게 적혀 있다.

Εἰκὼν ἡ λίθος εἰμί. Τίθησί με Σείκιλος ἔνθα μνήμης ἀθανάτου σῆμα πολυχρόνιον.

나는 묘비이며, 이미지다. 세이킬로스가 죽음 없는 기억의 영원한 상징으로서 나를 여기에 세웠다.

이 글귀 밑에 노래가 기록되어 있다. 세이킬로스의 노래라고 불리게 된 이 노래는 음악사에서 중요한 위치를 차지하게 되었는데, 그것은 지금까지 발견된 완전한 악보 중에서 가장 오래되었기 때문이다. 고대 음악 중에 완전한 곡으로 남아 있는 것은 이 세이킬로스의 노래와 아폴론 찬가 정도다. 유실된 부분이 없으므로 오늘날에도 충분히 재현 가능하며, 실제로 무수히 많은 사람에 의해 재현되고 있다. 인터넷이 발달한 시대가 아닌가. 찾아서 들어보자. 눈을 감고 들으면 멜로디만으로도 고대 그리스의 분위기에 젖어들게 된다.

내가 세이킬로스의 노래를 좋아하는 것은 무언가 아득하고 서정적인 멜로디 때문만은 아니다. 그보다는 이에 어울리는 가사 때문이다. 현대어로 번역된 가사를 보고 있으면 이런 생각이 든다. 아, 인간이라는 존재는 조금도 변하지 않았구나. 입고 있는 것, 들고 다니는 것은 바뀌었을지 모르지만 인생이라는 제한된 시간 속에서 느끼는 감정과 생각들은 그대로구나. 가사를 보고 있으면 그런 거창한 생각에 빠져든다. 가사의 내용은 다음과 같다.

Ὅσον ζῇς φαίνου

살아 있는 동안, 빛나라.

μηδὲν ὅλως σὺ λυποῦ

그대여 결코 슬퍼하지 말라.

πρὸς ὀλίγον ἐστὶ τὸ ζῆν

인생은 찰나와도 같고,

τὸ τέλος ὁ χρόνος ἀπαιτεῖ.

시간이 마지막을 청하게 되니.

카페에 앉아 이어폰으로 음악을 들으며 세이킬로스를 생각한다. 머나먼 이국의 땅, 머나먼 시간 저편에 있는 세이킬로스는 사랑하던 아내의 장례를 치르고 안타까움과 깊은 상심 속에서 많은 날을 홀로 보냈을 것이다. 그러던 어느 맑은 날, 세이킬로스는 자리에서 일어난다. 그리고 아내를 떠나보낸 슬픔이 이제 그의 가슴에서 충분히 영글어, 꺼지지 않는 별이 되었음을 알게 된다. 이제 그는 세상에 대한 집착을 넘어 인간 보편의 모습을 본다. 인생과 죽음 그리고 영원을 보는 것이다.

그리고 다시 시간이 흘러, 그의 머리 위를 떠돌던 사유는 점차 언어가 되어 차분히 가라앉고, 그것은 이제 가사가 되고 멜로디가 되어 세상에 태어난다. 그는 생각한다. 모든 것은 죽고, 모든 것은 사라진다. 하지만 기억은 비석 위에 새겨지고, 비석과 함께 영원히 존재할 것이다.

2017년, 머나먼 동방의 나라에서 세이킬로스의 노래를 들으며, 나는 그의 바람이 이루어졌음을 새삼 깨달았다.

철학에서 가장 중요한 문제

결론을 향하여 1

산책을 하듯 철학을 공부했다. 대학에서 처음으로 접한 서양철학은 봄처럼 새로웠다. 만나는 모든 사유가 신선했고, 위대한 철학자들의 삶은 나를 사로잡았다. 철학책의 마지막 페이지를 덮을 때마다 기존의 낡은 세계는 해체되었고 새롭게 재구성되었다. 나는 내 안에 있는지 몰랐던 숨겨진 세계를 발견하고 그 낯선 장소를 설레는 마음으로 거닐었다. 그때의 나에게 철학을 공부한다는 것은 전공과 성적의 문제가 아니었다. 그것은 차라리 세계를 구축하고 방어하는 전쟁에 가까웠다. 무언가를 배워간다는 것이 무엇을 의미하는지 이해하기 시작한 것도 그 무렵이었다.

하지만 나는 어렸고 미숙했다. 쏟아지는 개념어들의 이름을 따라가기에도 급급했다. 그것들이 실제로 무엇을 의미하는지를 이해하기에는 준비와 경험이 부족했다. 나의 내면의 왕국은 웅장하게 구색을 갖춰갔으나 겉보기에도 위태로웠다. 뒤늦게 얻은 이해들로 급하게 보수공사를 해나갔지만 그것은 하나의 정합성으로 통합되지 못하고 중요한 무언가를 채우지 못한 채 누더기가 되어가고 있었다. 하지만 그것만으로도 스스로가 대견하고 만족스러운 시기였다.

채우지 못한 조각은 오랜 시간이 지나서야 비로소 발견되기도 했다. 대학 시절에는 그렇게도 답답하던 개념이 졸업한 지 한참이나 지나 사회생활을 하던 중에 밑도 끝도 없이 이해되는 경우가 그것이었다. 먹고사는 일에 마음을 빼앗기는 동안 돌보지 못해 죽어버렸다고 생각했던 씨앗들은 그렇게 뿌리를 내리고 기둥을 밀어올려 왕국의 빈 공간을 채워갔다.

이런 경험은 나에게 '안다'는 것과 '이해한다'는 것 사이에 거대한 간극이 있음을 생각하게 했다. 보통은 이 둘을 구분하지 않는 까닭에 일상에서 섞어서 사용하지만, 엄밀하게 나눠보면 무엇인가를 알았다는 것이 그것을 이해했음을 의미하지는 않는다.

예를 들면 이런 것이다. '자유'라는 단어는 한국의 중고등학생들이 너무나 잘 알고 있는 개념이다. 일상의 의사소통에서 빈번하게 사용할 뿐만 아니라, 시험 문제에 등장한다고 해도 어려움 없이 독해할 수 있다. 만약 그들에게 사전적 의미를 알려주고 이것으로 시험을 본다고 하면, 학생들은 토씨 하나 틀리지 않고 자유의 개념을 암기할 것이다. '자유란 외부의 구속에 얽매이지 않고 자기 마음대로 할 수 있는 상태'라고 말이다.

하지만 어른이 되어 스스로를 돌아보면 그 나이였을 때 내가 자유의 개념을 이해하지 못했었음을 쉽게 떠올리게 된다. 그렇지 않은가? 우리가 자유가 무엇을 의미하는지를 이해하게 된 것은 학교를 졸업하고 비로소 선생님과 부모님의 울타리에서 벗어났을 때였다. 누군가의 지시와 평가에서 벗어나 자신 앞에 펼쳐진 광활한 대지를 스스로 밟아가야만 했던 그때. 우리는 나의 발걸음을 무겁게 잡아끄는 자유의 의미를 그때서야 이해할 수 있었다.

이밖에도 많은 개념이 그러하다. 책임, 의무, 저항, 실존, 현상, 본질, 자아, 의식 등. 철학을 공부하며 알게 된 수많은 개념은 대학을 졸업하고 먹고사는 문제에 모든 시간을 할애하게 된 이후에야 하나둘씩 이해되어갔다.

많은 시간이 지나 뒤늦게 이해하게 된 것 중 하나가 '철학에서 가장 중요한 문제'에 관한 것이다. 나는 이것을 노년의 철학과 교수님께 처음 들었다. 흘려들으면 별 것 아닌 것 같지만 진지하게 생각해보면 놀랍고 과감한 발언이 아닐 수 없다. 철학에서 가장 중요한 문제라니. 일반적으로 받아들여지듯 서양철학은 고대 그리스에서 시작한 이래로 2500년이라는 긴 역사 동안 발전과 침체를 반복해왔고 수많은 사상가와 방대한 담론을 축적해왔다. 그런데 철학을 관통하는 가장 중요한 문제가 있다니. 나는 필기를 멈추고 노년의 교수님을 바라보았다. 교수님은 평소와 다름없는 담담한 표정이었고, 마침내 이렇게 말씀하셨다.

"주체와 객체의 문제. 그것이 철학에서 가장 중요한 문제입니다."

기대 가득한 눈으로 교수님의 입만을 바라보던 나는 풀이 죽었다. 만족스럽지도, 그렇다고 실망스럽지도 않았다. 모르는 단어는 아니었다. 이미 아는 개념어들. 주체, 객체, 문제. 나는 그저 그런가보다 생각하며 노트에 적었다. 주체와 객체의 문제. 교수님은 수업을 계속하셨고, 이 말은 나에게 큰 인상을 남기지 못한 채 점차 잊혀갔다.

그로부터 이십여 년이 가까운 시간이 지났다. 그 사이 나는 책을 출간하고 강연을 하며 운 좋게도 지혜로운 분들을 만나 다양한 이야기를 나눌 수 있었다. 가끔 그 분들께 이런 질문을 받는다. '지식이 홍수인 시대다. 오늘날의 현대인이 반드시 알아야 하는 지식은 무엇인가?' 이에 대해 나는 보통 '계급 갈등'이라고 답한다. 현대 사회에 이르러 자본가와 노동자의 대립은 선명히 드러나지 않지만 그럼에도 불구하고 지금의 정치, 경제, 사회를 이해하기 위한 최소한의 조건으로서 자본가와 노동자의 대립구도 정도는 알아야 한다고 생각하기 때문이다. 세금을 내고 있는 성인이라면 적어도 누가 나의 이익을 대변하는지는 구분할 수 있어야 하니까.

이것이 '오늘날의 현대인이 반드시 알아야 하는 지식은 무엇인가?'에 대한 나의 답변이다. 하지만 질문을 수정한다면, 다시 말해서 '오늘날의 현대인'이라는 제한을 없애고 '누구나 알아야 하는 지식은 무엇인가?'라고 묻는다면 나의 답변은 달라질 것이다. 나는 인간으로 태어난 모든 존재가 궁극적으로 숙고해야 하는 근원적인 문제가 있다고 믿는다. 단정적으로 말해서 그것은 다음과 같다.

'의식의 문제'

내가 책을 쓰고 강연을 하며 많은 분과 궁극적으로 이야기하고자 하는 것도 바로 이 의식에 대한 문제다. 도대체 이 의식이라는 것이 무엇이고, 왜 그렇게 강조하는지는 긴 시간을 두고 차차 풀어나가야 할 것이다. 다만 지금 말할 수 있는 것은 이것이 새로운 무엇이 아니라 우리가 지금까지 간직해왔던 질문과 동일하다는 것이다. 우리가 어릴 때 소중하게 여겼지만 지금은 죽어버린 씨앗들. '왜 나는 당신이 아니고 나인가?', '왜 당신은 내가 아니고 당신인가?', '내 눈앞에 펼쳐진 이 세계는 어디에 존재하는가?', '내 눈앞에 펼쳐진 이 세계가 사실은 내 의식 안에서 발현된 것이라면 세계란 실제로 나인 것인가?', '나와 세계의 관계는 무엇인가?'

많은 시간이 지난 지금에서야 조금은 이해할 것 같다. 노년의 교수님이 젊은 학생들을 앞에 두고 말씀해주시고자 했던 것을. 철학에서 가장 중요한 문제. 그것은 주체와 객체의 문제였고 동시에 의식의 문제였다. 주체로서의 나와 객체로서의 세계의 문제. 즉, 의식의 장에서 드러나는 나와 세계의 관계.

물론 당시의 교수님이 실제로 말씀하시고자 했던 바가 지금 내가 말하고자 하는 바와 동일한 것인지는 확인할 수 없을 것이다. 다만 믿고 싶다. 그러한 것이기를. 왜냐하면 내가 앞으로 걸어갈 길이 혼자만의 여정이 아니기를 바라기 때문에, 동시에 내가 나아가고자 하는 방향이 옳은 방향이기를 바라기 때문이다.

더 많은 시간이 지나 내가 그때의 교수님의 나이가 되었을 때, 나도 젊은이들을 앞에 두고 이렇게 말할 수 있기를 바란다.

"의식의 문제. 그것이 인간에게 가장 중요한 문제입니다."

우리는 이 책의 마지막에 이르러 이 문제에 대해 다뤄보려고 한다. 주체와 객체의 문제, 다시 말해 의식의 문제. 자아와 세계 그리고 이들의 의미에 대해서 이야기할 것이다.

나는 누구인가

결론을 향하여 2

질문이 주어졌을 때, 우리는 보통 답변이 무엇인지를 고민한다. 하지만 수많은 질문과 답변 중에는 답변이 아니라 질문 자체에 문제가 있는 경우가 있다. 예를 들면 이런 것이다. '빅뱅 이전에는 무엇이 있었는가?', '무無는 어떻게 존재하는가?', '둥근 삼각형이란 무엇인가?' 이런 질문들은 언어로는 표현 가능하고 한 번쯤은 생각해볼 만하지만 아무리 고민한다고 해도 유의미한 결론을 도출해낼 수는 없다. 그것은 질문에 제시된 개념이 이미 질문 안에서 한계 지어지거나 모순되기 때문이다.

적절한 질문이 필요한 이유다. 질문은 숙제가 아니라 열쇠다. 적합하고 정확한 질문은 진리의 빗장을 풀고 우리를 세계의 비밀 안으로 들어서게 한다. 반대로 아무리 많은 비용과 오랜 시간을 들여 문제를 해결하고자 해도 질문 자체에 문제가 있다면 그 노력은 끝내 결실을 맺지 못한다.

더글라스 애덤스의 소설이자 영화로 제작된 《은하수를 여행하는 히치하이커를 위한 안내서》에서는 이에 대한 재미있는 에피소드가 등장한다. 우주에 존재하는 모든 외계 존재가 힘을 합쳐서 궁극의 슈퍼컴퓨터 '깊은 생각'을 만들어낸다. 깊은 생각이 만들어진 날, 그들은 궁극의 질문을 던지기 위해 한자리에 모인다. 그리고 깊은 생각에게 질문한다.

"삶과 우주, 세상 모든 것에 대한 해답은 무엇인가?"

깊은 생각은 계산해보겠다고 말하고, 750만 년 후에 답을 주겠다고 약속한다. 기다리고 기다리던 750만 년 후. 더 많은 우주의 존재자가 답변을 듣기 위해 그 자리에 다시 모인다. 마침내 깊은 생각이 입을 연다. "삶과 우주, 세상 모든 것에 대한 해답은…" 모든 존재가 집중하고 있을 때, 답이 내려진다. "42" 그 자리에 모인 존재들은 당황하고 화를 낸다. 도대체 42가 뭐냐고. 그러자 깊은 생각이 귀찮은 듯 대답한다.

"질문을 알아야만 답의 의미를 알 수 있다."

우리도 마찬가지 아닐까? 우리는 질문이 무엇을 의미하는지 이해하지 못한 채 질문하거나, 질문의 한계를 인식하지 못한 채 질문한다. 나는 특히 인류가 오랜 시간 고민해왔던 중요한 질문일수록 그럴 가능성이 높다고 생각한다. 실제로 그렇지 않은가? 의심이 오래될수록 의심이 실제처럼 느껴지듯, 질문이 오래될수록 질문은 그럴듯하게 느껴지는 법이다.

인류의 오랜 질문들에 대한 의심으로 말문을 여는 이유는, 그 질문들 중 타당성이 강하게 의심되는 것이 하나 있어서다. 자주 듣지만 들을 때마다 무언가 이상하다고 느껴지는 질문. 그것은 다음과 같다.

'나는 누구인가?'

이 질문은 그 자체로 답변의 범위를 강력히 제한하는데, 그것은 술어부인 '누구인가' 때문이다. '누구'는 인칭 대명사로 막연히 사람을 지시한다. 이것이 문제다. 이 질문은 모든 답변의 가능성에서 나의 의미를 사람에 한정한다.

물론 제한된 상황에서는 '나는 누구인가'라는 질문만으로 충분할 수 있다. 만약 당신이 찾는 해답이 자신이 어떤 종류의 사람인지에 대한 것이라면 말이다. 하지만 당신이 이 질문을 통해서 얻고자 하는 대답이 자아의 본질에 대한 것이라면 이 질문은 수정되어야 한다. 우리는 이렇게 물어야 한다.

'나는 무엇인가?'

나란 무엇인가. 사람으로 한정되지 않는 존재, 인간적인 특성을 소거한 다음에도, 생물학적인 특성을 넘어선 다음에도, 그 이후에도 남아 있는 나의 궁극적인 특징은 무엇인가. 이렇게 물을 때, 우리는 비로소 나의 본질로 향하는 여행의 첫 걸음을 뗄 수 있다.

물론 질문의 방향이 이렇게 변경되었을 때, 어떤 이에게는 무척이나 낯설고 익숙하지 않은 물음이 될 수 있다. 그래서 이런 복잡함을 거부하고자 하는 이들은 이 질문을 회피할 수 있는 손쉬운 방안을 즉각 찾아낸다. 이런 방식이 가능하다. 첫째, 질문 자체를 공격하는 것. 그는 이렇게 말한다. '나란 무엇인가라는 질문이 적합한 질문이라는 것은 어떻게 확신할 수 있는가?' 둘째, 불가지론적인 태도를 취하는 것. 그는 이렇게 말한다. '나의 본질 같은 진리는 말로 설명할 수 있는 것이 아니다.' 셋째, 충분히 고민하지 않고 상식적인 대답을 내놓는 것. 그는 이렇게 말한다. '나라는 것은 기억, 정체성, 연속성의 느낌, 무의식 등의 정신적인 무엇이다.'

나는 이러한 태도 모두가 사유의 게으름에서 기인한다고 생각한다. 누군가 당신에게 인류가 오랜 시간 고민해온 무거운 질문을 던진다고 할 때, 그것은 당신을 테스트하려는 목적이 아니다. 당신이 즉각적인 임기응변에 능한지, 혹은 당신이 그 질문에 답을 낼 수 있는 능

력을 가졌는지를 확인하려는 것도 아니다.

당신은 질문을 받아치려 초조해하지 않아도 된다. 시간 제한은 없다. 이러한 질문들, 특히 자아에 대한 심오한 질문에 답하기 위해서는 과거와 현재뿐만이 아니라 경험하지 못한 미래의 시간까지 필요한 것인지도 모르기 때문이다. 자아라는 존재는 인생 전체를 관통할 것이고, 우리는 주어진 시간 내내 변화하는 자아를 대면하며 그때마다 답안을 수정해야 할 테니 말이다.

회피를 멈추고 이제 질문 앞에 서자. 질문의 얼굴은 이것이다.

'나는 무엇인가?'

당신은 무엇이라 대답할 것인가? 용기 있게 대면하는 것만으로는 만족스러운 답변을 찾아내기 어렵다. 조금 돌아가는 방법을 선택하자. 질문에 접근하기 위해 조금 더 구체적이고 적절한 새로운 질문을 찾아보는 것이다. 어떤 질문이 가능한가? 무수히 많은 추가 질문이 가능하겠지만 그 중에서 '비교'라는 괜찮은 방법을 사용해보려 한다. 자아를 비교해보는 것이다. 현재의 나와 가장 다르면서도 동시에 나라고 부를 수밖에 없는 존재를 찾아서, 무엇이 나의 필수적 요소이고 무엇이 나의 부수적 요소인지를 구분해보는 것이다. 그렇다면 그것은 무엇인가? 나와 다르면서도 동시에 나인 존재. 그것은 바로 '꿈속의 나'다. 이제 질문을 새롭게 던져보자.

'현실의 나와 꿈속의 나는 무엇을 공유하는가?'

꿈속의 나는 분명히 나다. 우리는 여러 인물들이 등장하는 꿈을 꾸지만, 수많은 인물 중에서 누가 나였고 누가 내가 아니었는지를 말할 수 있다. 꿈속의 나는 일관성 없이 외모가 바뀌고 정체성이 바뀌고 기억이 바뀌고 느낌이 바뀌지만, 그럼에도 불구하고 도대체 누가 나였는지를 어렵지 않게 지목할 수 있는 것이다.

실제로 나는 이런 꿈을 꾼 적이 있다. 꿈에서 나는 고대 중동의 가정에서 자라난 청년이었다. 나와 너무나 똑같이 생기고 어렸을 때의 기억을 공유하고 있는 쌍둥이 형제가 있었다. 우리는 날 때부터 함께였고 커서도 그러했다.

어느 날인가 평소와 다름없이 마당에서 장난치고 있던 나는 돌담을 넘으려 애쓰는 쌍둥이 형제의 건장해진 등을 보면서 이렇게 생각했다. '내가 많이 성장해서 이제 어른이 되었나보다.' 오랜 시간 함께 해온 쌍둥이 형제를 보면서 내가 성장해간다는 것에 대해 무엇인가 아련함을 느낀 것이다.

질문은 이것이다. 현실의 나와 꿈속의 나는 무엇을 공유하는가? 도대체 나는 왜 꿈속의 수많은 인물 중에서 특히 그 청년을 나라고 생각했는가? 공통점을 찾기 전에 우선 차이점부터 살펴보자. 차이점은 많다. 육체, 정신, 정서의 모든 면이 다르다. 키가 다르고 피부가 다르고 민족이 다르고 형제가 다르며, 정신적인 모든 것, 기억, 정체성, 연속성의 느낌이 다르다. 그와 내가 공유하는 것은 전혀 없다고 해도 과언이 아니다. 중동의 쌍둥이 청년과 현실의 내가 공유하는 것은 그 어떤 것도 없다. 이제 분명해졌다. 육체적, 정신적, 정서적 특징들은 '나'의 본질이 아니다.

그렇다면 도대체 무엇이 나로 하여금 바로 그 쌍둥이 형제 중의 한 명이 나라고 인식하게 하는 것인가? 도대체 현실의 나와 꿈속의 내가 공유하는 것은 무엇인가? 그것은 이렇게 말할 수밖에 없다.

'보고 있음'

보고 있다는 그 상태. 현실의 나는 칠십억 명의 인구 중에서 하필 지금의 나를 중심으로 세계를 보고 있고, 꿈속의 나는 등장하는 다수의 인물 중에서 하필이면 쌍둥이 형제 중의 한 명의 시점으로 세계를 보고 있는 것이다. 바로 그 시점, 관점, 보고 있음, 펼쳐진 세계의 중심점. 그것이 나와 그가 공유하는 유일한 공통분모다. 나는 이러한 특성으로서의 본질적 존재를 '관조자觀照者'라고 부른다. 관조자. 지켜보는 존재. 이것이 자아의 본질이고, 존재하는 유일한 실체다.

드디어 우리는 인류의 오랜 질문에 답할 수 있다.

'나는 무엇인가?'

'그것은 관조자다.'

도대체 이러한 답변이 어떤 의미가 있는지, 왜 복잡함과 어려움을 무릅쓰고 이러한 답변에 도달해야 하는지, 어떤 이는 이해할 것이고 다른 이는 이해하지 못할 것이다. 하지만 나는 확신한다. 자아의 본질에 대한 질문과 답변이 '세계란 무엇인가'라는 또 다른 궁극적인 질문의 문을 여는 가장 강력한 열쇠임을 말이다. 이것이 내가 사람들과 궁극적으로 나누고 싶은 이야기다. 당신과 함께 천천히 걸어갈 것이다.

이제 다음 질문이 준비되어 있다. 우리가 질문해야 하는 것은 이것이다.

'그렇다면 세계란 무엇인가?'

세계란 무엇인가

결론을 향하여 3

해가 지는 시간에 맞춰 천천히 동네를 산책하면, 가끔 하늘은 높고 구름은 옅게 흩어져 먹먹하리만큼 아름다운 노을을 만난다. 길 한쪽에 붙어 서서 구름에 천천히 휘감기는 장엄한 빛깔에 마음을 빼앗기고 있노라면, 문득 이걸 보고 있는 존재가 나 혼자만이 아님을 느낀다. 주위를 둘러보면 담벼락 위에 다리를 올린 동네 개들도 보고 있고, 높은 나뭇가지 위에 앉은 까치들도 보고 있다. 그럴 때면 동물에게 마음이 없다는 주장이 얼마나 터무니없는가를 생각하는 동시에 그들은 도대체 무엇을 보고 있을지 궁금해지기 시작한다. 그들은 어떤 세계를 보고 있을까. 우리는 동일한 세계를 보고 있는 걸까.

우리가 동일한 세계를 보고 있지 않음은 거의 확실하다. 감각기관의 생물학적 차이가 각각의 존재에게 전혀 다른 세계를 드러나게 할 테니까. 그렇지 않겠는가? 당신의 세계와 색맹인 사람의 세계가 서로 다른 빛깔로 채색되어 있듯, 동네 개의 세계와 까치의 세계는 다르게 빛날 것이고, 박쥐와 두더지의 세계는 다르게 구성될 것이며, 개미와 해파리의 세계도 상상하기 힘든 차이로 드러날 것이니.

하지만 우리는 혼란스럽지 않다. 각각의 개체가 서로 다른 세계를 보고 있다 하더라도 상관없다. 공통의 세계를 공유하고 있다고 믿기 때문이다. 물리적 실체로서의 세계. 빅뱅이 되었든 천지창조가 되었든 어쨌거나 단단하고 고정된 물질적인 우주가 먼저 탄생했고, 후에 수많은 개체가 탄생해서 자신의 감각기관으로 세계를 재해석하며 지구 위를 걸어 다니고 있다고 믿으니까.

우리는 세계의 선후 관계를 상정하고 마음을 놓는다. 세계는 개별적 개체들보다 앞서 있다. 이것이 상식이다. 하지만 실제로 그러한가? 정말 나보다 세계가 앞서 있는가? 나 이전에도 세계가 있고, 나 이후에도 세계가 지속되는 것인가? 그렇다고 확답하기에는 무언가 아쉬움이 남는다. 그것은 내가 결코 나의 존재 이전, 나의 존재 이후를 경험할 수 없기 때문이다. 나와 독립해서 홀로 존재하는 세계는 나에게 경험되지 않는다. 세계는 자아와 독립된 실체가 아니다. 세계는 언제나 자아라는 그릇에 담긴다.

그래서다. '세계란 무엇인가?' 이 질문에 답하기가 생각보다 어려운 이유는, 현대과학의 발전이 충분하지 않기 때문이 아니다. 이 질문이 진짜 어려운 이유는 '세계'의 문제가 보는 존재로서의 '자아'의 문제와 얽혀 있기 때문이다. 존재의 문제는 인식의 문제와 분리되지 않는다.

분명히 직시해야 한다. 상식적인 사람들이 믿는 것과는 달리 자아의 세계는 물리적 대상에 한정되지 않는다. 나의 세계는 물리적 대상을 한참이나 뛰어넘는다.

세계가 물리적 대상이 아님을 보여주는 가장 강력한 사례는 빛의 문제다. 빛은 나의 경험 세계를 구성하는 가장 근원적인 요소다. 모든 사물에는 표면이 있고, 그 표면의 실체는 빛이 만들어내는 색채다. 이렇게 바꿔 말할 수 있다. 세계란 무엇인가? 그것은 색이고 빛이다. 세계의 실체가 빛임을 이해하는 것은 진실에 이르는 커다란 발걸음을 내디딘 것이다.

이어지는 질문은 이것이다. 그렇다면 이 빛은 무엇이고 어디에서 오는가? 물리학에서의 빛은 전자기파의 일종이고 광원으로부터 나온다. 하지만 이러한 설명은 빛과 광자를 구분하지 못한다는 한계가 있다. 빛과 광자는 다르다. 전자기파의 일종으로 광원으로부터 나오는 물리적 대상은 광자다. 광자는 파장의 형태로 구분될 뿐 그 자체로 색깔을 갖지 않는다. 그것을 빛으로 보고 색으로 해석하는 것은 나와 당신이고, 그렇게 채색된 공간은 나와 당신의 내면세계다. 지금 우리가 집중하고자 하는 것은 우리가 경험할 수 없는 물리적 실체로서의 광자가 아니다. 우리는 나와 당신의 세계를 뒤덮은 찬란한 빛에 대해 말하려는 것이다.

하지만 이런 반론이 가능하다. '빛과 광자는 같은 대상의 다른 측면이 아닌가? 광자라는 실체가 빛이라는 현상을 발생시킨다. 그것은 같은 대상이거나 적어도 인과적 관계를 맺는다'라고. 결론부터 이야기하면 그렇지 않다. 우리는 눈을 감아도 색을 보고, 꿈을 꿀 때도 색을 보며, 상상만으로도 빛을 부른다. 눈을 감고 햇살에 부서지는 파도와, 푸른 하늘과, 바람에 구부러지는 갈대숲을 떠올려보자. 거기에 물리적 실체로서의 광자나 육체적 감각으로서의 시각은 관여하지 않는다. 당신이 빛을 보는 것은 외부의 광자 때문이 아니라 이미 당신의 내면을 구성하는 조건으로서 빛을 갖고 있기 때문이다. 당신 내면의 빛은 광자와 인과관계를 맺는 것이 아니라 유의미한 상관관계만을 맺을 뿐이다.

이제 다시 물어야 한다. 그렇다면 이 내면의 빛은 도대체 무엇이고 그것은 어디에서 오는가? 우리는 이렇게 말할 수밖에 없다. 그것은 외부에서 오는 무엇이 아니다. 그것은 내 내면의 특성이다. 그렇다면 내 내면은 무엇인가? 이에 대해서는 앞서 '나는 무엇인가?'에 대한 질문에서 답하였다. 그것은 관조자였다. 그리고 관조자는 자기 내면을 보는 자였다. 결국 우리는 이렇게 결론 내려야만 한다.

'세계란 무엇인가? 그것은 빛이다. 그리고 빛은 관조자의 특성이다.'

반대로 이렇게도 말할 수 있다.

'나란 무엇인가? 그것은 관조자다. 그리고 관조자의 특성은 빛이다.'

세계와 자아에 대한 질문. 두 질문은 같은 것을 묻는다. 그것은 관조자에 대한 물음이고, 결국 궁극적인 연결고리로서의 빛의 문제로 이어진다. 세계는 빛이고, 빛은 나의 특성이다. '세계'와 '자아'와 '빛'은 동일한 현상의 다른 표현이다. 이것들은 자아의 울타리 안에서 광활하게 펼쳐진다.

내 앞에 펼쳐진 빛으로서의 세계가 곧 나 자신이라는 진실. 이 심오한 진리를 표현하기 위해 서구철학은 이를 '현상現象'이라 부르고, 고대 인도에서는 이를 '마야Māyā'라고 부르며, 불교에서는 이를 '색色'이라고 말한다.

뒤통수가 따가웠는지 동네 개가 나를 돌아보기에 얼른 노을을 보는 척했다. 그 착해 보이는 눈으로 내가 별 볼 일 없는 놈이라는 걸 확인하고는 꼬리를 두어 번 휙휙 내젓더니 저도 고개를 바로하고 노을을 본다. 나는 슬며시 다시 동네 개를 본다. 그리고 상상한다. 저 보슬보슬 털이 난 두개골 안쪽으로 그 누구에게도 결코 드러나지 않을, 광활하게 펼쳐진 그의 세계를. 그의 세계는 지금 노을의 빛깔로 가득 찼을 것이고, 여기 뒤에 서 있는 나의 존재는 그저 풍경을 채우는 작은 한 점이 되어 그의 노을에 물들어 있을 것이다.

인간은 인간이라는 종이 세계의 전부라 생각하고 특히 자기 눈에 보이는 세계가 실제 세계의 보편적 기준일 것이라고 믿지만, 세계는 그렇게 보편과 특수로 나눌 수 있는 무엇이 아니다. 모든 보는 존재는 충분하고 완벽한 세계를 자기 내면으로 갖고 있고, 그 내면의 빛은 그 존재를 부족함 없이 사로잡는다.

자기 안에 우주를 담고 있는 수많은 존재와 함께 노을을 바라보며 나는 세계에 대해 생각했다.

우리는 왜 존재하는가

결론을 향하여 4

답을 얻을 수 있을지 의심스러운 질문들이 우리의 주위를 배회한다. 나는 무엇인가? 세계란 무엇인가? 나는 어디에서 와서 어디로 가는가? 나는 왜 존재하는가? 내가 존재하는 이유와 목적은 무엇인가? 나는 왜 이 삶을 이어가야만 하는가?

이런 질문은 한때 우리에게 중요했었지만 지금은 확실히 그렇지 않다. 먹고살기란 생각보다 만만치 않고 사회와 집단은 우리에게 발등에 떨어진 급한 문제부터 해결할 것을 요구하기 때문이다. 하지만 사라지진 않는다. 일상의 반복 속에서 잠깐, 바쁘게 흘러가던 시간이 잠시나마 어긋나는 그 순간에 질문은 엄습해오고 이내 우리를 장악한다. 질문은 살아난다. 나는 왜 살고 있는 것인가?

길고도 유한한 인생이라는 시간 동안 우리가 답을 찾지 못할 것은 거의 확실해 보인다. 하지만 나는 이 질문에 대답해야만 하는 상황에 처한 적이 있다. 그는 진지하게 물었다.

"누구나 한 번쯤은 고민하는 문제가 있습니다. 우리는 왜 살고 있는가. 이에 대해서 당신은 어떻게 생각합니까?"

나는 이렇게 대답했다.

"이런 질문들이 있습니다. 우리는 왜 살고 있는가. 우리는 왜 존재하는가. 우리의 존재 이유는 무엇인가. 답부터 말하면 이렇습니다. 우리가 이 세상에 온 이유는 바로 이러한 질문을 던지기 위해서입니다. 이것이 제가 제안하는 하나의 답변입니다. 이제 답을 이야기했으니, 이러한 대답으로 귀결하게 된 과정을 설명해보겠습니다.

이런 상상을 해봅시다. 여기 최초의 의식이 탄생합니다. 모든 존재 이전의 존재, 아무것도 존재하지 않기에 홀로 완전하고 완벽히 자기 내면만을 관조하는 존재가 있습니다. 상상할 수 없을 만큼 길고도 긴 시간 동안, 영원이라 불러도 그릇됨이 없는 시간 동안 이 부족할 것 없는 존재는 자족하며 지속합니다. 그렇게 오랜 시간이 지난 어느 날, 충분히 존재하고도 또 다시 충분히 존재한 그 어느 날, 그에게는 처음으로 궁금증이 일어나고 동요하게 됩니다.

여러분에게 묻고 싶습니다. 이 가장 오래되고 부족하지 않고 소멸하지 않는 완벽한 존재가 가질 만한 가장 궁극적이고 근원적인 질문이 무엇이라고 생각하십니까? 다른 것은 있을 수 없습니다. 그에게 가장 심오한 질문은 이것입니다. 나는 왜 존재하는가? 존재의 이유는 무엇인가? 왜 이 존재를 계속 이어가야만 하는가? 왜 무無가 아니라 유有여야만 하는가?

최초의 의식은 생각에 잠깁니다. 또 다시 상상할 수 없을 만큼 긴 시간 동안, 영원이라 불러도 그릇됨이 없는 시간 동안 생각하고 생각합니다. 그리고 결국 답을 얻을 수 있는 유일한 방법으로 그는 소멸을 경험하고자 합니다. 죽음, 한계, 유한성, 끝을 경험하고자 하는 것입니다. 이를 위해 그는 스스로 분화하기 시작합니다. 분화된 것은 다시 분화되고 또 다시 분화됩니다. 최초의 의식은 이제 무수히 많은 의식으로 분열하며 생성과 소멸을 반복합니다.

이렇게 생성과 소멸을 반복하며 존재의 의미를 가늠하는 수많은 의식의 파편은 무엇입니까? 그것이 바로 당신이고, 나이고, 우리입니다. 우리는 거대한 의식의 한 부분이고, 그래서 그 거대한 의식의 속성과 뜻을 고스란히 담고 있습니다. 파도가 방파제에 부딪혀 무수히 많은 포말로 부서진다 하더라도 그 포말의 본질이 바다인 것과 같이 말입니다.

마찬가지입니다. 우리의 질문들, 나는 왜 존재하는가 그리고 왜 이 삶을 이어가야만 하는가. 이 질문은 나의 질문인 동시에, 최초의 의식이 가진 근본적인 질문입니다. 그리고 우리가 당신으로, 나로, 우리로 여기 이 자리에 존재하는 이유입니다.

이것이 결론입니다. 우리는 왜 존재하는가? 바로 이 질문을 던지기 위해서입니다. 이것이 제가 제안하는 하나의 답변입니다."

한때 질문들은 우리에게 중요했었지만 지금은 확실히 그렇지 않다. 먹고살기란 생각보다 만만치 않고 사회와 집단은 우리에게 발등에 떨어진 더 급한 문제부터 해결할 것을 요구하기 때문이다. 하지만 상관없다. 우리가 질문들을 고민하거나 회피하거나, 그와는 무관하게 우리는 인생이라는 시간 속에서 질문들의 답을 만들어갈 것이기 때문이다. 그리고 이렇게 인생의 마지막에 이르러 우리가 도달하게 될 최후의 답변은 나의 답변을 넘어 최초의 의식이 궁극적으로 원하는 답변이 될 것이다. 왜냐하면 당신과 내가 바로 그이기 때문이다.

당신과 내가 인생 가운데서 우주가 원하는 아름다운 대답을 찾아낼 수 있기를. 그리고 상상할 수 없을 만큼 길고도 긴 시간 이후, 영원이라 불러도 그릇됨이 없는 시간을 더 보낸 후에, 하나의 의식 안에서 만나 얼굴을 대면하고 서로가 찾은 지식과 지혜를 즐겁게 나눌 수 있게 되기를 기대한다.

자기 안에 우주를 담고 있는 수많은 존재에 대하여

결론을 향하여 5

을지로입구역에서 명동성당까지 걷는 길을 좋아한다. 이 길의 이름은 명동길인데, 회사원과 상인과 관광객의 무리에 뒤섞여 걷다 보면 자기 세계에 함몰되어 지친 마음은 추슬러지고 내가 현실에 발 딛고 있는 수많은 사람 중에 한 명이었음에 새삼 안도하게 된다. 그날은 극단으로 치닫던 모든 문제가 수습된 날이었고, 기진맥진했지만 오랜만에 맑은 정신이 찾아온 날이었다. 무엇인가 달라졌다. 명동성당까지 걸으며 나는 보이는 것과 들리는 것의 변화에 주목했고, 나를 스쳐가는 사람들이 어딘가 새롭게 느껴진다는 것을 알아차렸다.

누구에게나 탈진의 시간이 찾아온다. 기대했던 모든 것이 무너지고 자신이 막다른 골목에 처했음을 분명히 인지하는 시간. 손 내밀 사람 하나 남지 않은 그 삭막한 공간에서, 오직 자기 자신에게 의지한 채, 팔과 다리를 자르고 독하리만큼 악착같은 몸부림으로 상처 입은 몸뚱이 하나 건져와야 하는 시간이 있다.

바로 그 순간, 우리의 영혼은 각성하고 감각은 깨어나 눈은 보이는 것 너머를 보게 되고, 귀는 들리는 것 너머를 듣게 된다. 누구에게나 한 번쯤은 찾아오는 정신적 비상사태. 우리는 그때 시간과 공간의 제약을 꿰뚫어 본질의 심연을 어렴풋이 보게 된다. 나는 무엇이고, 어디에서 왔으며, 어디로 가는지. 나의 목적과 존재의 이유는 무엇인지를 미약하게나마 알아차리게 되는 것이다.

그날의 내가 그러했다. 나는 슬픔이 가라앉은 뒤에 찾아온 선명하고 투명한 각성 속에서 스쳐지나가는 그들이 회사원, 상인, 관광객이 아님을 알게 되었다.

당신은 당신의 내면세계에 대해 생각해본 적이 있는가? 내면세계, 보는 존재, 관조자, 의식. 의식의 의미에 익숙하지 않은 사람들은 이것을 자신의 신체와 구분하지 못하는 까닭에 신체가 죽으면 나의 의식도 함께 소멸한다고 생각한다. 하지만 의식이 무엇을 의미하는지 이해하는 사람은 의식이라는 현상이 꺼지거나 소멸할 수 있는 종류의 것이 아님을 쉽게 이해하게 된다.

의식은 앞서 설명한 것처럼 지금 당신 눈앞에 펼쳐진 세계, 그리고 그것을 보는 자였다. 눈을 뜨거나, 눈을 감거나, 꿈을 꾸거나, 상상을 하거나, 어쨌거나 당신은 지금 무엇인가 세계를 눈앞에 두고 있고, 그것을 보고 있다. 나의 의지와는 무관하게 지금 내 눈앞에 세계를 마주하고 있다는 그 상황. 세계와 자아가 얽혀 있는 이 관계가 바로 의식이다.

이 의식은 사라지지 않는다. 우리의 뇌가 정지하고 신체가 죽음에 이르러서도 그렇다. 그것은 무한이라는 시간의 가능성 때문이다. 우리의 신체가 죽음을 맞이하고 뇌는 정지하며 의식은 어둠 속에 침잠하는 것처럼 보일지 모르지만, 영원을 향해 나아가는 길고도 긴 시간의 가능성 안에서 우리의 의식이 다시 발현할 조건은 충분히 반복될 것이고, 그렇게 이 우주의 어딘가에서 나와 당신의 의식은 또 다시 발현될 것이다.

그 구체적인 조건이 무엇인지, 나의 내면을 발현시키는 조건이 물질적인 것인지 아니면 물질을 넘어선 무엇인지 현재 우리에겐 어떤 정보도 없다. 분명한 것은 오늘 당신의 의식이 특정한 조건을 갖춰 발현되었듯이, 먼 이후의 어느 날에도 당신의 의식은 특정한 조건 속에서 다시 발현될 것이라는 점이다.

하지만 이것은 단절이 아니다. 외부 관찰자의 시선에서는 이것이 발생과 소멸의 단절적인 과정으로 보이겠지만, 자아의 시선에서는 그렇지 않다. 자아의 내면세계는 죽음도, 소멸도, 단절도 경험하지 않는다. 나의 의식은 유연하게 연결되어 있고 단 한 번도 꺼지지 않는다. 그것은 나의 의식과 독립해서 존재하는 세계나 시간이란 존재하지 않기 때문이다.

생각해보자. 여기 특정한 조건이 갖춰져 발현된 만 년 전의 당신의 의식이 있다. 그 의식은 세계를 보고, 경험을 하고, 수많은 감정에 휘둘리다 이제 정해진 수명이 다하여 눈을 감으려 하고 있다. 폐와 심장은 잦아들고 뇌는 정지하며 갖춰졌던 조건들은 흩어진다. 죽음을 맞이한 것이다. 이후 긴 시간 동안 당신의 의식이 발현될 조건은 이 우주에서 갖춰지지 않는다. 그리고 다시 만 년의 시간이 지난 후에야 비로소 당신의 의식이 발현될 조건이 갖춰진다. 당신은 다시 태어난다. 신체를 갖고, 눈을 뜨고, 그것으로 세계를 보고, 경험을 하고, 사랑하는 사람을 만나고, 타인과 경쟁하고, 이 글을 읽고, 수많은 감정에 휘둘리다 이제 정해진 수명이 다하여 눈을 감게 된다. 폐와 심장 그리고 뇌는 작동을 멈추고 갖춰졌던 조건들은 흩어진다. 다시 죽음에 이르고 이후 긴 시간 동안 당신의 의식이 발현될 조건은 우주에서 갖춰지지 않는다. 그리고 다시 가늠할 수 없는 시간이 더 지난 후에 우연처럼 조건은 형성되고, 당신의 의식은 다시 발현된다.

우리는 위의 사실을 두 가지 시점에서 볼 수 있다. 첫 번째는 외부의 타자의 시점으로 이를 해석하는 것이다. 이에 따르면 당신은 잠깐의 발현 후 만 년 동안 소멸하고 다시 잠깐의 발현 후 소멸하고를 반복한다. 여기에는 죽음이 있고, 단절이 있으며, 긴 침묵이 있다. 두 번째는 실제로 경험하는 나의 시점으로 이를 해석하는 것이다. 나는 발현된 후에 삶을 경험하고 죽어가는 것처럼 느끼지만 실제 죽음에 수렴한 직후 곧 바로 다시 눈뜨게 된다. 당신은 곧바로 다른 시간과 다른 공간에서 눈 뜨고 이를 반복하는 것이다. 여기서의 죽음은 문이 되고 통로가 된다.

기억해야 한다. 당신의 의식과 독립해서 존재하는 세계나 시간은 존재하지 않는다는 사실을. 당신의 의식 안에서 시간과 공간은 매끄럽게 이어진다. 물론 어떤 기억도 이어지지 않을 것이고, 상상할 수 없는 모습일 것이며, 당신의 의지와는 무관하겠지만 말이다.

여행자. 그래서 이것이 모든 나라는 존재의 숙명인 것이다. 여기에 이유나 목적이 있는지는 알 수 없다. 다만 확실한 것은 우리가 상상할 수도 없이 지루하고도 긴 무한이라는 시간 동안 이 우주에서 저 우주로 눈뜨고 휘둘리며 여행할 것이라는 점이다.

이것은 어떤 이들에게는 위안이고 다른 이들에게는 좌절이 된다. 신체적 죽음 이후에 자신의 마음도 죽음을 맞을 것이라는 상상에 두려움을 느끼는 이들은 여기서 작은 희망을 얻을 것이다. 반면 거시적인 시점에서 이를 보는 사람들, 수많은 다시 태어남이 만들어내는 고통과 휘둘림과 의미 없음을 관조하는 이들에게 이것은 피로가 된다. 지금까지 집착하고 정성을 다해 쌓아올린 모든 것은 흩어질 것이다. 우리는 다시 무명과 무지의 상태에 처할 것이고, 똑같은 수고를 반복해서 다시 이 과정을 밟아야 할 것이다.

고대의 인도인들이 해탈解脫, moksha을 말한 것, 윤회의 고리를 끊고 완전한 해방에 이르는 길을 준비한 것도 어쩌면 이러한 피로 때문인지도 모른다.

그날. 을지로입구역에서 명동성당까지 걷던 날. 극단으로 치닫던 모든 문제가 수습되고, 기진맥진하지만 오랜만에 맑은 정신이 찾아온 날. 나는 슬픔이 가라앉은 뒤에 찾아온 선명하고 투명한 각성 속에서 스쳐 지나가는 그들이 회사원, 상인, 관광객이 아님을 알게 되었다.

그들은 여행자였다. 내면에 자신만의 세계를 가진 하나의 우주였고, 영원의 시간 속에서 내면의 우주를 관조하는 꺼지지 않는 불꽃, 하나의 신이었다. 얼마나 많은 세계를 여행하다 이곳에서 이렇게 만나게 된 것일까. 얼마나 많은 즐거움과 고통과 아쉬움과 안타까움에 휘둘리다가 인간의 모습으로 눈떠 이곳 명동의 거리에서 함께 모이게 된 것일까. 나는 먼 과거의 어느 때에 만났을 것이고, 먼 미래의 어느 때인가 만나게 될 수많은 인연을 눈여겨보며 명동성당까지 걸어갔다.

'네가 그것이다.'

'Tat Tvam Asi'

네가 너의 본질인 아트만이고, 동시에 우주의 본질인 브라흐만이다. 네가 바로 그것이다. 나는 고대 인도인들의 가르침이 실제로 무엇을 의미하는지 명동성당의 아름다운 뒷마당 벤치에 앉아 감사하게도 체험할 수 있었다.

이때의 강렬한 체험은 다시 반복되진 않았지만 내 영혼에 강렬한 잔상을 남겼다. 나는 이제 우리가 자기 안에 우주를 담고 있는 영원한 존재임을 안다. 당신이, 그리고 내가 바로 그것임을 안다. 우리는 책이라는 매개를 통해 거울에 비추어보듯 희미하게나마 관계의 끈을 잇고 있지만, 무한의 시간이 지난 먼 훗날의 어느 곳에서는 얼굴과 얼굴을 맞대고 반갑게 마주할 것이다.

헤어짐도, 망각도, 죽음도, 아쉬운 것은 없다.

우리는 운명처럼 언젠가 다시 만나게 될 테니.

"모든 보는 존재는 충분하고 완벽한 세계를 자기 내면으로 갖고 있고, 그 내면의 빛은 그 존재를 부족함 없이 사로잡는다."

언젠가 어느 곳에서 당신과 만나
이야기 나누게 되기를